呪女怪談

牛抱せん夏

竹書房
怪談
文庫

まえがき

「どうやって怪談の取材をしていますか？」

読者の方やお客様によくこの質問をされます。

作家や怪談師それぞれだとは思いますが、私の場合は出会った方には片っ端から聞いていくようにしています。

ランチで入った蕎麦屋の大将。

自転車屋さん。

タクシーの運転手さん。

ライブに来てくれたお客様。

話してくれそうな方にはとにかく聞きます。

まるで厭がらせのような取材方法ではありますが、こうして蒐集をしております。

今この原稿を書いている真っ最中、世界中で歴史に残るような大変なことが起こっています。

発行日をご覧いただければおわかりかと思います。

本来ならば今ごろは各地で怪談ライブが開催され、怪談師たちは全国をとびまわっていたことでしょう。

しかし、外に取材へいくことができないため、こんなにも天気の良い日にステイホームで本書を書いています。

ＨＰの方へたくさんの投稿をありがとうございました。

扱っているジャンルは怪談ではあるのですが、集まった話をまとめていると、みなさまが体験したあるいは誰かに聞いた大切な思い出や情景がありありと目に浮かんできました。

それとともに、自分自身が一緒に過ごした、今はもう会えない大切な親戚や近所の方々の笑顔や声や匂いまでも思い出すこととなりました。

おぞましい話や残酷な話だけが怪談ではありません。

こどもの頃に祖父母や両親に聞かせてもらった、どこか懐かしい寝物語のような話もあるのです。

みなさまの大切な思い出の一部をここに記させていただきます。

目次

※本書に登場する人物名は様々な事情を考慮して仮名にしてあります。

いかん

千葉さんが小学五年生のころのことだ。

放課後、帰り支度を終えて三つ前の池田君の席までいく。

最近ふたりで近所の空き地に基地を作りはじめた。

掘った土を固めて山を作ってそこに穴をあける。お城のようにしたいが案外難しい。

空き地の裏に川が流れているから、そこから水をひいてきて基地を囲んで流れるようにしたい。

誰もこないからふたりだけの秘密の隠れ場所のようになっている。今日も早く空き地へいってその続きをしたかった。

池田君はまだ支度ができていないようだ。

後ろから覗きこんで「帰ろうぜ」と声をかけた。

「うん。ちょっと待ってて」

池田君は背中を向けながら、机の中のお道具箱を引き出した。

箱の中に、逆さまになったおじさんの顔がある。ところどころ泥にまみれて血のようなものがついていた。

おじさんは、目玉をギョロンと動かして、こっちを見た。

なにが起こっているのかわからない。

呆然と立ちつくしていると、池田君はお道具箱を押し戻し、

「いかん！」

そう叫ぶと勢いよく机を前に蹴倒した。

まだ教室に残っていたクラスメイトがその音に驚いて「キャッ」と悲鳴をあげた。

床には倒れた机と教科書、ふで箱から飛び出た鉛筆や消しゴムが散乱しているだけで、おじさんの頭はどこにもない。

ふたりは無言でその飛び出た文具類を拾い集め、帰り道はなにごともなかったようにその話には一切ふれず、なぜかあの空き地へいくことは二度となかった。

ちがうよ

今から三十年ほど前、渡辺さんは大学へ通うために静岡県から東京に出てきた。

慣れない都会の生活に少し不安はあったが、父親が知り合いの不動産会社に頼んでくれたおかげで江戸川区の新築アパートを借りることができた。

江戸川区は父の生まれ故郷である。

幼いころは祖父母に会いに静岡から何度かきたことがあったから、なじみのある土地だった。

入居したのは住宅街の道路に面した一階の角部屋だった。

日当たりはさほどよくはないが、憧れのひとり暮らしに心を躍らせていた。

小さなベランダもついており、十分すぎる広さだ。おまけに新築だ。

大学の授業がはじまり、すぐにともだちもできた。

東京での生活にもすっかり慣れ、梅雨がくるころにはある程度の電化製品も揃っていた。

大学が休みの日のことだ。

日中はともだちと遊びに出かけたが、早めに帰宅して夜になってからは、当時流行《はや》りだったファミコンに没頭していた。

買ったばかりのゲームが思いのほか面白かったのだ。ところが突然ブツッと音を立ててテレビの電源が落ちた。

電灯は点いているから停電ではなさそうだ。

無頓着な性格ということもあり、電源を入れ直すとすぐにまたゲームを再開した。

そのときは気にもとめていなかった。

しかし、この日を境に毎日のように電気のトラブルが続くようになった。

とくに使い過ぎているわけでもない。

冷蔵庫の電源が落ちる。

レンジがひとりでにまわりだす。

テレビのチャンネルが勝手に変わる。

洗濯機が大きな音を立ててとまる。

入浴中、風呂の照明が突然消える。

トイレの電球がチカチカする。

真夜中にインターフォンが鳴り、見にいくと誰もいない。

ささいなことかもしれないが、これらが毎日次々に起こる。

万が一漏電で火災にでもなったら困る。今度電気屋へ連絡してみよう。

ある晩。時計を見ると二十一時で寝るにはまだ早かったが電気を消しベッドに入った。


パン！


部屋の中で乾いた音が響き、跳ね起きた。

電気を点けると、テーブルの上に置いてあった飲みかけのお茶が入ったガラスのコップが真二つに割れている。

なにかの衝撃で割れたというより、きれいに断ち切ったという表現が正しいかもしれない。

こぼれたお茶がテーブルを伝い、床に敷かれたじゅうたんに滴っている。

布巾でお茶を拭き、割れたグラスを見ているうちに心がザワザワとしだした。

これまで毎日起こっている電気トラブルは漏電などではなく、ひょっとしたら霊的なものなのではないか。このアパートにはなにか曰くがあるのではないかと思いはじめた。

テレビなどでよく見る心霊番組では前の住人がうんたらかんたらで曰くがあるから事故物件になった、などというのがお約束のパターンだ。

ただこのアパートは新築だ。

幼稚な考えかもしれないと一瞬は思ったが最近あまりにも不自然でおかしなことが続いている。

なにかある。この場所でかつてなにかがあったに違いない。

眠れないまま朝がきた。

昼前に久しぶりに実家の母親から電話がきた。

食べ物を送ってくれたという。いらないと言っても母は毎月なにかしら送ってくれる。

ひとり暮らしをするようになってから親のありがたみが身にしみるようになった。

「どう？　アパートは快適？」

母親の言葉で昨日の晩のことを思い出した。

くだらないかもしれないが、と前置きをしてから、毎日の電気トラブルのこと、割れたグラスのこと、不動産会社にいってアパートが建つ以前のこの土地について聞いてみようかと考えていることなどを伝え電話をきった。

夜になってから再び母から電話がかかってきた。

アパートを仲介してくれた不動産会社は父の知り合いだということもあり、まずは父に相談をしたようだ。

ところが父に話す前に、母はあることを思い出したという。

「あんた、法事に来なかったでしょう？」

「法事？」

「そうよ。おばあちゃんの法事」

すっかり忘れていた。

「あんたのこと一番可愛がってくれていたのに、法事にも顔出さないで。同じ東京にいるのに、おばあちゃん淋しかったのよ。きっとおばあちゃんよ」

十年ほど前に東京に住んでいた父方の祖母は亡くなっている。静岡から遊びにいくといつも「よくきたね」と優しく迎えてくれていた。家の中にいても化粧をしてきれいな服を着ているような人だった。

実家から祖母の法事があることは聞いていたが、学校やともだちと遊びにいくことを優先していてすっかり忘れてしまっていた。

可愛がっていた孫が、かつて自分が住んでいた江戸川区にいる。法事にきてほしかったと伝えにきたのではないかと母は言った。

一度は納得して受話器を置いたが、どうも腑に落ちなかった。

あの優しかった祖母が、孫を怖がらせるようなことをするだろうか。

ところが母との電話以降、部屋で不思議なことが起こることはなくなった。やはり祖母だったのだろうか。

母に相談をしてから数日が経ったある深夜のことだった。

初夏とはいえあまりの蒸し暑さに目が覚めた。

窓を開けると部屋の中に風が入ってきて、いくらか涼しくなった。

ベランダのサンダルに足のつま先を入れ、ひとり暮らしをするようになってから吸うようになったタバコに火をつける。

視界の隅に人影が入るので首をのばすと、路地の向こうからひとりのおばあさんが歩いてくるのが見えた。歩幅が狭く、ずいぶんとゆっくり歩いている。

部屋の中を振り向いて時計を見ると午前二時を過ぎていた。

(こんな時間になにしているんだろう)

時間も気にはなるが、それ以上に違和感があったのはその老婆の姿だ。

シミーズ一枚だけで靴も履いていない。

(認知症で徘徊でもしているんだろうか)

老婆は前を見据えて歩いていたが、このアパートにさしかかると、突然進行方向を変えて、ベランダの前までやってきた。

やがて口を開き、

「この前のことはおばあちゃんじゃないからね」

そう言うと、闇に溶け込むように消えた。

毎日続いた電気トラブルも、真二つに割れたグラスもシミーズ姿の老婆のこともいったいなんだったのか未だにわからないままだ。

猫

不動産会社を経営している青木さんの話だ。

会社を立ち上げてから、もう数十年が経っていた。

社員数も増えて仕事のほとんどを信頼する部下たちに任せている。

ある日、平日ではあったが会社に行かず、友人の誘いで東京の神田に呑みに出かけた。

神田には「せんべろ」といわれる、千円あればべろべろになるまで呑むことができる安居酒屋が多くある。

金には困っていないが高級店には行き飽きていた。

むしろ安居酒屋が好きなのだ。

この日は朝から呑みだした。

昼過ぎにはすでにいい感じにほろ酔いになっていた。

「河岸替えして呑みなおしましょうよ」

友人はまだ呑みたいと息巻いている。

支払いを済ませ、店の外に出ると一気に汗が噴き出てきた。

八月の日差しがギラギラと照りつけていた。

ハンカチで額を流れる汗を拭いふと見上げると、見覚えのある建物が目に飛び込んできた。

そこはもともと旅館だった建物を改築した古いアパートだった。

この二階の角部屋に古い友人が住んでいる。

職種は違ったが、飲み屋で意気投合し、何度か部屋にいったこともあった。

動物好きで心の優しい男だ。保健所から引き取った猫七匹と暮らしていた。

会社をリストラされたのをきっかけに鬱病になったと聞いている。

何度か誘ってみたがそのたびに断られた。

いつしか疎遠になりもう数年が経つ。

引っ越しはしていないことは聞いていた。

角部屋を見ると、ちょうど窓を開けて彼が顔を出した。

階下からでもずいぶんとやつれ、顔色が悪いことが知れた。

「おうい」

手を振って呼びかけてみたが、気がついていないのかすぐにその姿は見えなくなった。

せっかくここまで来たのだから部屋へいってみよう。

友人には先に店にいくよう伝え、アパートへ向かう。

何度か遊びに来たことがあった。

表通りから裏手にまわる。階段を上ってふたつ目が彼の部屋だ。

インターフォンはない。

建付けの悪い扉をノックする。返事はない。

「青木だけど、ちょっと出てこないか」

声をかけてみたがやはり返事はなかった。

ズボンの後ろポケットからスマホを取り出しLINEを送ってみたが、既読にならなかった。

しばらく扉の前で呼びかけてみたが、結局出てくることはなかった。

それから一ヶ月が経った。

共通の知人からの連絡で、あの神田のアパートの友人が亡くなったことを知った。部屋で自殺していたと聞いて、あのときに会っていれば助けてやれたのかもと後悔をする間もなく、思いもよらぬことを聞かされた。

彼が亡くなったのは、三ヶ月も前の梅雨の時期だったという。

不動産会社を経営している経験上、夏場に孤独死した場合、遺体は腐敗し相当な臭いを放つことを知っている。

ところが彼の部屋からは臭いがなかった。

だから発見が遅れた。

腹を空かせていた飼い猫たちが、彼の遺体をむさぼり食っていたからだった。

あの日窓から顔を出した彼の姿は、なんだったのだろう。

早く見つけてほしいとメッセージを送ってきていたのだろうか。

ゆれる

三十年ほど前に、熊田さんが体験した話だ。

仕事が軌道にのりはじめ、古いアパートからマンションに引っ越しをした。
六階建ての二階で築年数は十年ほどらしい。
駅から少し歩くが住宅街なので夜は静かでよく眠れた。
ところがいつのころからか、ときどき部屋がゆれる。
地震かと思い、そのたびにテレビをつけるが速報は出ていない。それが頻繁に続く。
あるとき友人が部屋に遊びにきたのでそのことを話した。
「気のせいだろ」
友人が言ったときだった。

ゆれた。と同時に窓の外をなにかが真下に落ち「ドサッ」と地面に打ちつけられたような音がした。

「今、なにか落ちたよな」

問いかけると友人がうなずく。

同時に立ち上がり窓を開けて下を見た。

なにもない。

友人は「またな」とすぐに帰ってしまった。

それからも頻繁に同じことが続いた。

ときどき女性の悲鳴が聞こえることもある。

声の出所を探してもわからなかった。

いよいよこのマンションが気味悪く思えてきた。

閑静な住宅街というところを気に入っていたのだが、ここのところ熟睡できていない。

最後にゆっくり眠ったのはいつだろう。

仕事が休みの日に大家に連絡をとってみることにした。

電話に出たのは感じの良いおばあさんだった。

生活には慣れたか、食事はとっているかなど、まるで親戚のように話しかけてくる。

会話が途切れるのを待ち、本題に入った。

「変なことを聞きますが、この部屋……というよりも、このマンションて、過去に事故や事件が起こったことってありますか?」

さきほどまでしゃべりっぱなしだった大家は急に黙りこんでしまった。

「やっぱり、なにかあるんですね」

大家は少しの間のあと「管理人には、言うなといわれていたんだけど」と前置きし、

「三年前にこのマンションの屋上から飛び降り自殺をしたおんなのひとがいるのよ。迷惑だわ。本当に厭になっちゃう。ほら、ときどき悲鳴のようなものも聞こえるでしょう?気味悪いわね。でもそれだけだから、だいじょうぶなのよ」

気づかれたか、と小さくつぶやいて大家は電話を切った。

受話器を置いたと同時にまた部屋がゆれはじめた。

どこからか女性の悲鳴が聞こえ、窓の外をなにかが落ちていった。

すぐに引っ越しを決めた。

インコ

森田さんには二つ年が離れた弟がいる。

新潟の田舎の一軒家で育ち、自然の中をよくふたりで遊んだ。

森田さんが高校一年生、弟が中学二年生だったある日のこと。

日曜日でふたりとも学校は休みだった。

両親は仕事で出かけていたが母親が食事を作っておいてくれた。

テスト期間中で部活もなく、遅めの昼ご飯を食べていると、弟が中庭を見て立ち上がりそのまま縁側から外へ出ていった。

なにをしているのかと聞くと、

「黄色いインコがいる」

芝生の上を見つめて言う。

外を見てみたが、弟の言うインコの姿は見えない。

「いないよ」

「ここにいる」

弟はその見えないインコを指さし庭から表に出ていった。

昼食の途中ではあったが、気になるので茶碗を置いてあとに続く。

「待って。どこに行くの？」

「インコについていく」

振り向きもせず弟は進む。

やがて自宅から数軒離れた家の、古びた蔵の前にたどり着いた。

厚い土壁に囲まれたその蔵は、もう築百年を超えるのではないだろうか。ときどき小学生の集団がスケッチしにくることもある。

その蔵の入口の扉が少し開いている。

弟は吸い込まれるように中へ入っていった。その足もとにチラと黄色い鳥のようなものが見えた。

思わず、あっと声が出そうになった。

「姉ちゃん！　早く来て」

弟の声が聞こえてきた。

蔵の中に、この家のおばあさんが仰向けで倒れていた。

梅干しを漬けるため蔵へ入ったところ、落ちていた工具につまずき転んでしまったという。

腰を打って立ち上がることができず途方に暮れていたところだったそうだ。

インコはもうどこにも姿は見えなかった。

すぐに救急車を呼び、おばあさんは数日の間入院することになった。

退院後、家に招かれ食事をふるまわれた。

おばあさんは何度も感謝の言葉をくり返すと、思い出したように、

「そういえば、どうして私が蔵にいることがわかったの？　ひとりで年寄りだから、あのままあそこにいたら誰にも気づかれないで死んでいたかもしれないわ」

「黄色いインコが道案内をするみたいに、ここまで連れてきてくれたんです」

弟がそう答えるとおばあさんは、

「まあ！　一年前に死んだうちの子だわ。あの子が呼びにいってくれたのね」

タンスの上には、おばあさんが肩に黄色いインコを乗せて微笑んでいる写真が飾られていた。

修行

都内の某寺院の住職の話だ。

若いころ、寺の住職になるため、一ヶ月の間、高尾山の寺院で修行することになった。

この期間中は、他人と会話することを禁止されており、同じく修行にきていた者と廊下ですれ違ったとしても目も合わさずお互いを空気のような存在として扱う。

また、部屋に入ることも禁止されており、食事や就寝といった生活のすべてを廊下で過ごしていた。

間もなく修行期間が明けようとしていたある晩のことだった。

布団に入って眠っていると、

『ごめんなさい』

女性の声が聞こえ目が覚めた。この寺院の中に女性はいないはずだ。
だが耳元ではっきりと聞こえた。
目を閉じたままじっとしていると、
『ご迷惑をおかけします。本当にごめんなさい』
すすり泣くような声だ。
修行中に、不思議な体験をする者がいるということは以前からよく聞いていた。
胸騒ぎがした。
起床時間と同時にすぐに玄関へ向かった。
扉を開けた軒先で、女性が首を吊って死んでいた。

別荘

あかりさんから聞いた話だ。


小学生のころ、夏休みに静岡県の山奥に別荘があるというクラスメイトの則子ちゃんのところへ泊まりにいくことになった。

彼女の家は金持ちだった。

両親が則子ちゃんのために山を買い、土地を開拓してそこに別荘を建てたのだという。

東京から朝早くに家を出る。

則子ちゃんの両親がワゴンで迎えにきてくれた。

クラスで仲の良いともだちふたりも一緒だ。

途中のパーキングエリアで食事をしてから別荘を目指す。

高速をおりると景色も空気もガラリとかわった。

濃い緑に囲まれた坂道をのぼると、別荘が見えてきた。

プレハブ小屋のようなものを想像していたが、まったく違った。

まるでホテル並みにおしゃれな建物だった。

「この辺の山、ぜんぶうちの土地だよ」

則子ちゃんは自慢気に言う。

荷物をおいてから、広い庭で鬼ごっこをした。

夢中で遊んでいるうちに小腹が減ってきた。

じゃんけんをして負けた人が、山の麓《ふもと》にあるコンビニまで行ってお菓子を買ってこようという話になった。

こういうとき、運がないことをわかっていたから、はじめからじゃんけんなどしたくはなかったが、みんなにつられて参加すると案の定負けた。

麓のコンビニまでは歩いて一時間以上かかると言って、則子ちゃんは薄ら笑みを浮かべていた。お金持ちで運の強いその子も、隣で笑っているほかのふたりも少し憎らしかった。

車でいけば時間はかからないのに「おとなには秘密ね」と背中を押され歩き出した。教えられた店までは一本道のため迷わずいくことができたが、やはりこどもの足では一時間以上かかった。

買い物を済ませ、また山道に入る。

すでに日は沈みかけていた。

暑くて何度ぬぐっても額を汗が伝っていく。

ジュースはやめておけばよかった。

喉が渇いていたから帰ったらみんなで飲もうと二リットルのものを買ってしまった。

重たくて指がちぎれそうだ。

則子ちゃんの家が所有する土地には、ほかの民家は一軒もない。

淋しい山の中にぽつんと建っている別荘だった。

ようやくその別荘が見えてきてほっとして走り出そうとしたときだった。

ふいに後ろから誰かに手首をつかまれた。

ぎょっとして振り向くと、知らない女性が立っている。

黄色い派手なワンピースにカーキ色のカーディガンを羽織っている。

いつの間にいたんだろう。まったく気づかなかった。

色白で痩せていてきれいな人だと思った。

その女性は手に持っていた紙切れを差し出すと、

「この人、知りませんか」

そう言ってじっとこちらを見つめた。

目線を落としてその紙を見ると、手描きの似顔絵で優しそうな男性が描かれている。

「知りません」

首を振ると女性は「そう」と悲し気に言うと、なぜかその紙を手に握らせてきた。

変わったおんなのひとだと思った。

「さようなら」

頭を下げ、紙をポケットにつっこむと、再び別荘を目指し歩き出す。

砂利を踏む音が聞こえるので振り向くと、女性があとをついてくる。

なにを話しかけてくるわけでもなく、黙ってうつむきながらただついてきた。

どこまでついてくるんだろう。

別荘まで来たら困るなと振り向くと、女性は立ち止まり、また、

「その人、知りませんか」

ポケットを指さして言う。

「し、知りません」

さきほどより強く言うと、淋し気な表情で道の脇の藪の中へ入っていってしまった。

人が通れるような場所ではない。獣道のようなところだ。

持っていた買い物袋を放り出し、藪の中を覗いてみたが、すでに女性の姿は見えなくなっていた。

別荘に戻ると、則子ちゃんはすぐに袋の中からお菓子を取り出し、二階の個室に駆け上がっていった。

道で会った女性のことで頭がいっぱいだったせいもあり、すっかり忘れていたが思い出したように喉がカラカラになってきた。

リビングで則子ちゃんのお父さんが冷たいオレンジジュースを入れてくれた。

それを一気に飲み干すと、二階へは行かずにソファに腰を下ろした。

「ケンカでもしたの？　上には行かないのかい？」

おじさんは優しく頭をなでてくれた。

やはりあの女性のことが気になって仕方がない。

ポケットに手を入れ、紙を取り出し聞いてみた。

「この人、知ってますか」

おじさんはじっとその紙を見つめ、

「どうしたの、これ」

さきほどの優しかった表情とはまったく違った顔でこちらを見た。

「道の途中でお姉さんに渡されました」

おじさんの言い知れぬ威圧感のようなものを本能で感じ、声が少し震えた。

「このあたりは私有地なんだ。土地一帯を自分が管理しているから誰も入って来ることはないんだよ。人はまったく住んでいないんだ。そんな人、いるはずないんだよ。わかるね？」

おじさんの目は笑っていない。

黄色いワンピースの女性も、おじさんのこともなんとなく気味が悪いし怖かった。

それ以上はなにも聞かず会釈をしてからリビングを出た。

知らない男のひとの似顔絵が描かれた紙は、なんとなく捨てられず、トイレで小さく畳んでお財布の中へしまった。

二階の部屋ではみんながパズルをして遊んでいた。

お菓子は取っておいてくれていた。

買い物に行かされたときは腹が立ったけれど、遊んでいるうちに気が晴れた。

晩ご飯を食べてお風呂に入り、布団を敷くと則子ちゃんがトランプをしようと言う。

鼻歌を歌いながらひとりがトランプを軽快に切っていく。それを見ているうちに、ふと夕方会った女性のことを思い出した。

「ねえ、ちょっと待って。おもしろいものがあるから」

「おもしろいものってなあに」

三人が一斉にこちらを見る。

ふだんあまり自分に関心を持たれることがないので少し気分が良かった。

かばんから財布を取り出し「今日知らないお姉さんから……」と言いかけ、中を見ると——ない。紙がどこにもない。

トイレの中で確実にしまったはずだ。ところがどこを探しても紙は見つからなかった。

みんなはすぐにトランプに目を移し、カードを配りだした。

翌日、朝ご飯のときに、おじさんに聞いてみた。

「昨日見せた絵、どこにあるか知りませんか？」

「なんの話？」

おじさんは不思議そうな顔でこちらを見た。

その足で別荘を出て昨日女性がいたあたりを探してみたが、一面に藪が広がっているだけで、人が通れるような場所はどこにもなかった。

タクシー

ムサシさんが「たった今乗ったタクシーの運転手から聞いた」と話してくれた。

数年前の深夜、そのタクシー運転手は、東京の有楽町あたりで客を拾おうと車を流していた。

しばらくいくと、三十代くらいの女性が手をあげているのが見えた。

車を寄せ、扉を開けるとその女性が乗ってきて腰を下ろす。

ルームミラー越しに見ると、ほっそりとした上品な雰囲気だ。

うつむいているためはっきりとは見えないがおそらく美人だ。

「どちらまでいかれますか?」

ふだんは決して愛想の良い方ではないが、美人を乗せたので少し丁寧に応対したことに自分でも驚いた。

「××までお願いします」

女性は小さく答えた。

聞き慣れない土地なうえ、声が小さく一度で聞き取ることができなかった。

「すみません。もう一度おっしゃっていただけますか」

「富里《とみさと》まで……」

女性は顔を上げずにまた小さく言う。

「千葉のですか？」

富里は千葉県の北部に位置する。

今からいくのか？　戻ってくるころには明け方だ。

「かなり距離あるんで、料金結構いっちゃいますよ？」

「……」

返事はない。

女性の顔は髪に隠れており表情はまったくうかがえなかった。

(なんだか気味の悪いおんなだな)

沈黙が続く。

なんとなくこの客を乗せたくないと思いはじめていた。

ましてやここから富里までいくとなると二時間以上はかかる。

こんな陰気なおんなと二時間も一緒にいるのは厭だ。

「あの……まだ終電ありますよ。タクシーだと三万円近くかかるので電車でいかれた方が良いと思いますけど」

ふだんなら決してこんなことは言わない。

厭な客だろうと遠かろうと乗せるのが仕事だ。

なぜだか無性に厭になってきた。

女性は相変わらずうつむいたまま、なにも答えようともしなければ降りる素振りも見せなかった。

これ以上断るのもさすがに不自然だ。

「じゃ、出発しますね」

仕方なく車を発進させた。

女性は「富里」とだけ言って具体的な行き先は言わなかった。

途中「有料道路を使っても良いか」と聞いたがそれにも答えない。

まるでひとり言を言っているように感じる。

沈黙が続いた。話しかけられることが苦手な客はもちろんいるから、そういった客は
そっとしておくのがマナーだが、行き先を聞き出さないと最良の道を行けないので困った。

あまりにもなにも答えないので、なんとなく背筋が冷たくなってきた。

ひょっとして今乗せているのはゆうれいなのではないかと思いはじめてきた。

長い髪、痩せた躰《からだ》、行き先を告げない。おまけにたぶん美人。

ベタではあるが条件が揃いすぎている。

途中で振り返ったらいなくなっていないよな。

急に墓場に行けとか言い出したりしないよな。

シートがぐっしょりと濡れていたりしないよな。

考え出したら止まらなくなってきた。

余計なことばかり考えてしまい運転に集中ができない。

高速に入る直前で、勇気を出してちらりとルームミラーを見た。

女性は普通に座っていた。

しかしやはり表情はうかがえない。

高速を運転している間も気が気ではなかった。

ようやく料金所を越え、一般道路に入り、もう一度見ると女性は変わらず座っていた。良かった。考えすぎだった。バカなことを考えてしまった。

「運転手さん」

「は、はいッ」

ふいに話しかけられて思わず声が上ずってしまった。

(しゃべるのかよ)

女性は、とある新興住宅地へいくように指示してきた。

住宅地へ着いたころには日付は変わっていた。

街灯は少ない。

住人たちはすでに眠っているのか、あたりはひっそりと静まりかえっていた。

「そこの右の角にあるレンガの家なので、ここで停めてください」

少し手前の道に車を停めろと言う。

「ありがとうございます。二万八四八〇円です」

返事がない。

また無視かよ。

「お客さん？」

振り向くと女性はいなかった。

逃げられたのかと思ったが扉を開ける音もしなかった。

こんな一瞬で移動できるはずもない。

まわりを見渡してみたが、どこにもいなかった。

「ゆうれい」という言葉が脳裏をよぎる。

やはり初めに感じたあの違和感は間違いではなかった。

しかし、意外にも冷静だった。

なぜならこの料金だ。

東京から二時間以上の時間を費やし、約三万の売上金になるはずが、これでは無銭乗車だ。

だんだんと腹が立ってきた。

あのおんな、ただ乗りかよ。

たしかあの右の角のレンガの家だと言っていた。

エンジンを切り車外に出て扉を閉めその家に向かう。

見上げると二階建てでかなり立派な造りだ。

鉄格子の扉の手前にあるインターフォンを押す。

間もなく深夜二時ともなろう時間ではあったが、なんとしても金を回収したかった。

すぐに玄関灯が点いた。

それから少しの間があり、扉が開き初老の男性が半分顔を出した。

「あの、夜分に突然申しわけないのですが、私××タクシーの者でして、今三十代くらいの女性を東京からお連れしまして、この家とおっしゃるのでそこに車を停めたんですけどね、変なことを言うようなんですが……お客さん、いないんですよ。降りた形跡もなくて……」

初老の男性は黙って話を聞いていたが、なにも言わずに扉を閉めた。

そりゃそうだ。

こんな深夜にいきなり、タクシードライバーが訳のわからないことを言うのだから腹も立つだろう。

三万は惜しいがもう諦めて帰ろう。

家に背を向けタクシーの方へ歩き出すと、背後でガチャリと扉が開く音がした。

さきほどの男性が財布を片手に「いくらですか」と訊ねてきた。

「え？」

「おいくらですか。料金」

「二万八四八〇円ですけど」

男性は財布から三万円を出すと釣りはいらないと言う。

「あの、自分から言っておいてあれなんですが、私を怪しいとは思われないんですか」

一瞬（余計なことを口走ってしまった）と思ったが、男性は、

「あなたがそう言うんですから、そういうことなんでしょう」

失礼します、と扉を閉めた。

終始表情を変えない人だった。


金を回収すると安心したせいか、どっと疲れが出てきた。

早く東京に戻ろう。

眠気と戦いながらなんとか東京に戻ったが、今夜はもう客を乗せる気力がわかなかったため、そのまま営業所へ戻った。

駐車場にタクシーを停め降りようとしたとき、ふとあの女性はいったいいつからいなかったんだろうと気になった。

住宅地へ入ったときには会話をしているからあのときまではいたはずだ。

（そうだ！　ドライブレコーダーがあった）

乗客とのトラブルなどが起こった際の証拠や防犯の意味も込めて、ここ十年くらいの間で急速に装備されるようになったドライブレコーダーがついていることを思い出した。

しかし会社の規定があり個人で視聴することはできない。

営業所に入ると責任者である上司が来るのを待って事情を説明すると、すんなり映像を再生してくれた。

――はじめから、女性の姿はどこにも映っていなかった。

あのレンガの家から出てきた初老の男性がなぜ疑いもせずなんの躊躇もなく金を払ったのかはわからない。

湖

北海道に住む主婦の話だ。


学生のころ交際していた男性との間にこどもができた。

付き合っていたときは、周りのことがまったく見えていなかったのかもしれない。

妊娠を伝えたとたん、男性はいなくなった。

シングルマザーになることに迷いはなかった。

親には猛反対されたが、お腹に宿った命をどうしても守りたかった。

ひとりでこどもを育てることは想像以上に大変だったが、なにものにも代えがたい宝物だからこの子のためなら苦しいことなどないと思っていた。

それはナナミと名づけた娘が三歳のころのことだから、二〇〇四年の夏のできごとだ。

ある日、仕事が休みでドライブがてら湖に出かけることにした。

当時は北海道の室蘭市で暮らしていた。

後部座席のチャイルドシートに座らせると、ナナミは自分でベルトをバックルに固定して得意気にこちらを見て微笑んだ。

最近たくさんの言葉も覚えてきたし、なんでも自分でやりたがった。

眠くなるとたまにむずかることもあるが、おとなしくてあまり手もかからない。

親バカと思われるかもしれないが良い子に育ってくれていると感じる。

「楽しみだね。レッツゴー」

久しぶりのドライブなのでナナミはこぶしをあげて喜んでいた。

娘は終始ご機嫌だった。

ふだんはおとなしいのにこんなにしゃべるのを見たのは初めてのことだった。

家から一時間ほど運転して目的地に到着した。

はしゃぎ疲れたのかナナミは眠っていた。

「着いたよ」

少しぐずったが、もう少し寝るかと聞くと甘えて両手を差し出してきた。ナナミを抱いて湖畔へ向かう。

平日だからか、ほかには誰もいなかった。

生まれて初めての湖が見えてくるとナナミは少し怖がって首にしがみついてきたが、しばらくすると水辺に走っていった。

木陰にビニールシートを敷いて持ってきた弁当を並べる。声をかけたがナナミはこちらに手を振り水の中に入ったり出たりとなにかしゃべりながら夢中で遊んでいる。

連れてきて良かった。

こんなにも喜ぶならまた連れてきてあげよう。

この先ひとりで育てていくことを考えると不安はあったが、それ以上にこの子が愛おしい。

湖からかけよってきたナナミを受けとめ、濡れた足を拭いてやり、弁当を食べてから夕方前に自宅に戻ってきた。

あれだけはしゃいだのだからさぞくたびれただろうと思ったが、帰宅するとすぐに、

「ママ、お絵かきしたい」

と言う。

画用紙とクレヨンをテーブルに用意するとすぐになにか描きはじめた。

この間に夕食の支度を済ませよう。

冷蔵庫の中から野菜と肉を取り出す。

今夜はあの子の好物のカレーライスにしよう。

下ごしらえをしてリビングを見ると、ナナミはこちらに背を向けて静かにまだ絵を描いていた。

「なに描いているの？」

エプロンで手を拭い、上から覗きこむように見てみると、画用紙いっぱいに水色の円とその傍らに人物のようなものが描いてある。

「これはなに？」

「湖」

「これは誰？」

「私」

「上手ね。これは？」

なった。

「ママ」

そして画用紙の端にもうひとり、スカートを穿いた女性が描かれていることが気になった。

「この人はだれ？」

「湖にいたおねえちゃん」

「今日？」

ナナミはこちらをまっすぐ見てうなずいた。

今日湖には自分たちしかいなかったはずだ。なにか思い違いをしているのだろう。

「私たちしかいなかったよ」

そう言うとナナミは首を横に振り、

「今日一緒に遊んだよ。ずっと遊んでくれたよ」

再びクレヨンを握ってその「おねえちゃん」の絵に色を足す。

そして描いた絵に向かって「楽しかったね、おねえちゃん」と話しかけていた。

「もうご飯だから片付けようね」

ナナミはすぐにクレヨンを箱の中に入れはじめたが、絵を描いた画用紙を大事そうに胸に抱いている。

「お洋服が汚れるからその絵、ちょうだい」

手を差し出したがぎゅっと抱きしめて離そうとしない。

その様子に少しいらだってしまい無理矢理ひっぱった。

ビリッと音を立てて絵は破れた。ナナミは大声で泣き出した。

申しわけなさといらだちとが混ざり合って、いつの間にか一緒に泣いていた。


夕食のあともナナミが言っていた「おねえちゃん」のことが気になって仕方なかった。

単なるこどもの空想ならいい。よくあることだ。

ただ、胸の奥でなにかがひっかかっている。

もしかしたら、あの湖でかつてなにか事故や事件でもあったのではないか。

目に見えない、この世には存在しないなにかと遊んでいたのではないか。

まさかとは思いつつ、風呂に入ってナナミを寝かしつけてから、インターネットで気になるキーワードをいくつか入れて検索してみた。

「××女子高生失踪事件」

トップに事件名が表示された。

たしか数年前にニュースで見た事件でなんとなくは覚えていた。

当時、家事をしながら耳で聞いていた程度だったから、詳しくは把握していなかった。

マウスを動かし画像をクリックする。

きれいな顔立ちをした女子高生の写真がいくつか並べられていた。

事件から数年が経過していたが、未だ行方はわかっていないらしい。

親御さんの気持ちを思うといたたまれなくなった。

ふと気配を感じ振り向くと、さきほど寝かしつけたはずのナナミがいつの間に起きてきたのかすぐ後ろに立っていた。

「どうしたの？　起きちゃった？」

「あ！　おねえちゃんだ」

画面に映し出されている女子高生を指さしながら言う。

「そうね。きれいなおねえちゃんね。さ、お布団いこうか」

パソコンを閉じようと手をかけると、

「今日のおねえちゃん」

「え?」

「今日遊んでくれた、湖にいたおねえちゃんだよ」

寝ぼけているのか失踪した女子高生の画像を見ながら笑っている。

「人違いよ。もう寝よう」

立ち上がり手を引こうとするが、

「このおねえちゃんだよ。今日湖でずっと遊んでくれたよ」

画面にかじりつき女子高生の顔を指でなぞりながらこちらに振り向く。

「また遊んでくれるかな」

ふだんはおとなしいナナミが今日は一日中よくしゃべっていた。

思い返してみると、こちらが話しかけてもそれに答えているというよりも誰かと話していたように思う。

ひょっとしたら自分には見えていない「おねえちゃん」とずっと話していたのではないだろうか。

一晩眠ると、そのおねえちゃんの話をすることはなくなった。

ナナミが十六歳になった年、突然「こどものころ湖で知らないお姉さんと遊んだ記憶があるの」と言ったことをきっかけにそのできごとを思い出した。

女子高生の行方は、事件から十九年経った今でもわかっていない。

修学旅行

現在五十代のサキコさんの話だ。

彼女が通っていた大阪の小学校の修学旅行では、三重県の二見《ふたみ》へいくことが恒例だった。大阪上本町《うえほんまち》駅から「あおぞら号」と呼ばれる二階建構造の団体専用車に乗車する。先生からは学校でも駅のホームでも静かに行動をするようにと耳にタコができるほど注意されていたが、電車に乗り席に座ると、間もなく車内は笑顔と笑い声でいっぱいになった。

担任の先生は注意しながらもなんとなく笑っているように思えた。きっと先生も楽しいのだろうと、こどもながらに感じた。

クラスメイトの男子が「こうすると四人掛けになるんだぜ」得意気に座席を回転させ

いた。

席に座りおちつくと持ってきたおやつを食べたりトランプやＵＮＯをしたりする子も

大阪上本町駅から二見までは約二時間ほどかかる。

るとほかの生徒たちは感心して次々にそうした。

そのうちに、誰かがみんなで記念写真を撮ろうと提案した。

クラス全員と担任の先生が入り、この日同行していたカメラマンが撮影してくれた。

「ほかのクラスも呼ぼうよ」

誰かが二階まで呼びにいくと、何人か下りてきて通路も人でいっぱいになった。

サキコさんの窓側の隣にはクラスメイトのりょうこちゃんが座っている。

彼女は双子だった。

二階から姉のけいこちゃんが下りてきて、通路に膝を立てて座った。

ふたりは本当によく似ている。一卵性双生児というやつらしい。揃ってめちゃくちゃ

美人で男子にも人気がある。

サキコさんは可愛い双子の姉妹の間に座って、ふたりの肩に手をかけた。

写真撮影が終わると先生たちが声をはりあげて、ほかのクラスの生徒は二階へ戻るよ

う促した。

りょうこちゃんの姉であるけいこちゃんも「バイバイ」と手を振って戻っていった。

夕方、二見に到着し、夫婦岩《めおといわ》というものを見に海へ行く。

岩に太いしめ縄がくくりつけられていてその上に鳥居があってきれいだった。

それからみんなで歩いて宿泊する旅館へ向かった。

入口で旅館の人たちにみんなで挨拶をしてから部屋に入り、荷物を下ろすとすぐに夕食の会場に移動した。

見たこともないような大きな座敷にひとりひとつずつお膳が用意されて、ごちそうがたくさん並んでいた。

全部食べたかったけど、食べきれないくらいの量だった。おいしかった。

それからお風呂に入って部屋でみんなでトランプをして布団を敷いて寝ようとすると、別のクラスの男子がこっそり入ってきた。

これからきもだめしにいこうというのである。

好奇心もあっていってみたかったが、それ以上に先生に見つかって怒られることが厭だったから断ると、ほかの子もいかなかった。

男子は「つまんねえの」と舌打ちをして出ていった。

それから枕投げをしてみんなで寝た。

疲れていたせいか夢も見ずにぐっすり眠った。

真夜中ごろだと思う。

廊下が騒がしくて目が覚めた。

気になって起きたともだちと部屋の外に出ると、先生方が揃ってなぜか慌てるように各部屋を見てまわっていた。

「けいこは来てないか」

学年主任の先生が言う。

答える間もなく先生は部屋の中に入って眠っている生徒の布団をめくっては顔を確認する。

「どうしたんですか」

聞いたが先生は「なんでもない。早く寝なさい」と言って扉を閉めて出ていった。

次の日、みんなで朝ご飯を食べていると、誰かがこんなことを言っているのが聞こえてきた。

「昨日きもだめしにいったあと、けいこちゃんがいなくなっちゃったらしい」

昨夜悪ふざけで何人かできもだめしにいった中に、双子の姉であるけいこちゃんが含まれていた。真っ暗な中、みんなまとまって行動をしていたのが、気がつくとけいこちゃんがいない。

あちこち探してみたがどこにもいなかった。

もしかしたら先に帰ったのかもしれない。

きもだめしを中断して宿に戻ってみたが、けいこちゃんの姿はなかった。

こっそり外にきもだめしに出かけたことがばれたら先生には大目玉をくらうと恐れた男子は黙っていようと提案したが、心配した女子が先生の部屋へいって報告をした。

それから全クラスの先生が手分けをして、近辺をあちこち探したがけいこちゃんは見つからなかった。

やがて夜が明け、教師たちもいったん戻って警察に報告をしようと相談をしていたところ、宿の入口に立ちすくんでいるけいこちゃんを仲居が見つけて連れてきた。

どこにいたのかと聞くと「神社の前で金縛りに遭った」とだけ言ってそれ以外のことはなにも覚えていないという。

宿を出てから、伊勢神宮や水族館へもいった。

買い物の時間では家族へのお土産も買えたし疲れたけど最高に楽しかった。

自宅に戻るとドッと疲れが出てお風呂に入ってからすぐに眠ってしまった。

修学旅行明けは土日だったから家でゆっくりして、月曜日に学校へいくとみんな思い出話でもちきりだった。

本当に楽しかった。

またみんなといきたいけど今年で卒業だから同じメンバーではもう二度といけないんだと思うと少し悲しくなった。

やがてすぐにいつもの日常に戻った。

毎日六時間も授業がある。

修学旅行からしばらくして、ホームルームの時間に先生がアルバムを持って教室に入ってきた。

二泊三日分の写真がズラリと並んでいて、楽しかった記憶がまた押し寄せてきて歓声があがった。

一番前の席の子にアルバムを渡すと、近くにいた子たちが頬を寄せ合って食い入るように見ている。

「順番で譲り合いながら見ろよ」

先生の言葉を無視している男子もいた。

早く見たいな。

今か今かと順番を待つ。

ようやく後ろの席のりょうこちゃんまでまわってきた。

我慢ができず一緒に見せてもらおうと振り向いた。

近くの席の男子たちも寄ってきて覗きこむ。

「めくっていい？」

みんなの顔を見ながら、りょうこちゃんが次のページをめくる。

「あれ？」

りょうこちゃんは一枚の写真に顔を近づけながらつぶやいた。

「どうしたの？」

「けいこがいない」

そのページには、ほかのクラスの生徒たち数名と一緒に撮影したあおぞら号での集合写真が載っている。

たしかにあのとき一緒に並んでいたはずの、けいこちゃんの姿が写っていない。

サキコさんを真ん中にして両サイドに、りょうこちゃんとけいこちゃんがいた。

肩を抱いて撮ったはずだった。

写真は、右手はりょうこちゃんの肩を抱いているが、左手は虚空をつかみ、そこにはけいこちゃんの姿がない。

近くにいたクラスメイトも双子が一緒に写真撮影をしたことを覚えており、このことは自分のクラスだけでなくほかのクラスの間でも大騒ぎになった。

双子の姉妹はそれまで男子に人気があったが、写真の一件で急に奇異の対象として見られるようになってしまった。

とくに写真に写っていなかった姉のけいこちゃんは、一部の男子からいじめられるようになってしまい、やがて学校にこなくなった。

妹のりょうこちゃんは誰とも口を利かなくなった。

小学校を卒業して中学にあがり、双子姉妹とは別の学校に通うことになった。

中学二年の冬、けいこちゃんが亡くなったと風の噂で聞いた。

交通事故だったらしい。


「その写真はあるんですか」

私はサキコさんに聞いてみた。

「あります。でもなんとなく気味が悪くて同級生の男の子に預けてあります。ただ、最近その同級生に連絡したところ、その写真から妹のりょうこちゃんも消えているって言うんです」

サキコさんは首を傾げながら言う。

「気味が悪くて誰に相談したら良いかわからなくて、だから機会があったら今度その写真、持ってきますね」

エレベーター

現役ホストのヒカルさんから聞いた。

容姿には恵まれているという自覚があった。

こどものころからずっとそうだった。

小中高とバレンタインデーともなると毎年かなりのチョコレートやプレゼントをもらっていた。

中学高校は学ランだったから、卒業式の日は第二ボタンだけに留まらず袖のボタンまですべてなくなった。

生まれつきの容姿だ。両親には感謝だ。

高校を卒業後、大学進学を勧める両親の反対をおしきって、田舎から東京に出て芸能界に足を踏み入れようとした。

なにをして良いのかもわからずとりあえずは養成所に入ることにしたが、入所金に五十万円前払いをする必要があるとのことだった。

親からの仕送りはあったが、さすがにもう五十万円を振り込んでくれとは言えなかった。

なにか手っ取り早く金を稼げる方法はないか。

都会へいけばなにかしらあるだろうと電車に乗って新宿駅で降り、当てもなく歩いていると、いつの間にか歌舞伎町にいた。

テレビや映画でしか観たことのない煌《きら》びやかなネオンと喧騒に驚きはしたが、一瞬でその魅力にとりつかれた。

この町でバイトするのも悪くない。

とびこみで入ったのはとあるホストクラブだった。

養成所の入所金を稼いだらさっさとやめようと思っていた。

ところが、働きはじめてすぐに、この世界は容姿だけでは通用しないことを理解した。

ついた客に不細工と罵倒され頭からワインをかけられたこともある。悔しかった。

大して容姿が良くもない先輩たちに毎晩数百万円もの金を女性客は惜しげもなく払う。

どうしたら自分もああなれるだろう。

この店のナンバーワンになるまでに一年、時にはホストの仕事以上のサービスもして客を増やしていった。

どんどん指名が増えていくことが嬉しい。

この店で働くようになってから芸能界にはまったく興味がなくなった。

ときどきテレビで観る女優やコメンテーターなんかもくることもある。

平気で大金を落とす。

最近はさらに客を集めようと店の接客以外にＳＮＳをはじめた。

毎日スマホで自撮りした画像をアップする。

会ったこともない人から「カッコいい」とか「会いたい」とコメントが書かれることもあるが無視。

金を使え。

会いたければ、店にきて金を使えばいくらでも相手してやる。

ここのところ、さらに指名客も増えた。

寝不足で自撮りするタイミングがなくて、出勤時に店のエレベーター内で撮ることが多くなった。

多いというか最近は毎日だ。

ガラス張りのエレベーターだから歌舞伎町の町をバックに写せる。

撮った画像はSNSにアップする前に一度確認するようにしている。

別のおんなと一緒にいたりしてもその影を見る人に感じさせないように細心の注意を払う必要があるからだ。

ホストクラブにくる客はメンヘラが多い。

自分以外の客と話していると拗ねて口を利かなくなる客も少なくない。

ところで、画像をチェックしていて、あることが気になりだした。

いつも自分の顔が中心にくるように撮影しているのだが、よく見ると毎回右側にスペースがある。

そんなことが気になりだしたある日。

初回（新規客）で自称霊感持ちの客の隣に座った。

よくいるメンヘラだと思って話半分で聞いていた。

ところがその客は、俺の右肩を何度も見ては「憑いてる」とつぶやいていた。

さっさと帰ってほしかったがその客は閉店までいた。

それきり店にくることはなかった。

それからも毎日、ＳＮＳ更新のために出勤時にエレベーター内で自撮りをし続けた。

やはり右側には大きなスペースがあく。


その日も出勤前のエレベーター内で自撮りをしていた。

インカメラで位置を調整しながらシャッターを押そうとすると自分の写っている右側のスペースで、窓の外をなにかが落ちていくのが見えた。

一瞬のことだったが、人だと思った。

飛び降り自殺か――

この町ではよくあることだ。

しかしこのままにしておくわけにはいかない。

いったん店にいってから、先にきていた後輩ホストと一階へ下りて外に出た。

ところがそこには誰も飛び降りた形跡はなかった。

「ヒカルさん、疲れてるんじゃないっすか」

後輩はそう言っていたが、それからも毎日エレベーター内で自撮りをすると、右側の後ろを必ず誰かが落ちていくのが写るようになった。

それが続くので気味が悪くなり、エレベーターで写真を撮ることをやめた。

別の場所で撮れば、なんら不思議なことは起こらなくなった。


その日は、いつも家を出る時間ギリギリまで寝てしまった。前日、アフターでエースと呼ばれる太客と遅くまで飲んで酒が残っていたからだ。

急ぎシャワーを浴びて、店に向かう。

それでも日課のSNSだけは更新したかった。

仕方がない。久しぶりにエレベーター内で自撮りをすることにした。

インカメラに設定し顔が真ん中にくるように位置を確認する。

ところがやはり右側に大きくスペースがあく。

シャッターを押した瞬間、そのあいたスペースの窓の外に逆さまになった女性が現れた。

これまではぼんやりと写り込んでいるという感覚だったが、このときは、はっきり女性だとわかった。

なぜならその顔がこちらを向いていて目が合ったからだ。

彼女は一瞬で通り過ぎ、すぐに鈍い音が聞こえた。

落ちたと思った。

すぐにエレベーターの下ボタンを押して一階へ下りる。

外に出て角を曲がると、地面に手首や足がおかしな方向を向いた血まみれの女性が横たわっていた。

どうしよう。

なにをして良いのかわからない。

救急車を呼ぶべきか、いや、もう死んでいるのか。

パニックになっていると、なにやらすすり泣くような声がどこからか聞こえてくる。

どうやらその飛び降りた女性らしい。

まだ息はあるようだ。

女性は血まみれで「痛い……痛い……」と泣いている。

少しずつ人だかりができはじめてきたが、誰も助けを呼んだりする者はなく、ただスマホで写真を撮り続けていた。

人間のクズどもが。

「今、救急車呼びますから頑張ってください」

女性のもとにまわりこんで声をかける。

一瞬ひるんでしまった。

血と涙でその顔がぐちゃぐちゃになっていたからだ。

よくこれで生きていられるなと感じた。

「だいじょうぶですか」

もう一度声をかけると女性は血走った目をゆっくりとこちらへ向けて、

「ずっと見て……」

「え？」

「ずっと見てたの……やっと気づいてくれたのね……」

しぼりだすようにつぶやいた。

反射的に立ち上がった。

それ以上その女性のそばにいることができず、後ずさりながら野次馬の輪に入っていった。

夢

埼玉県に住むＯＬの女性の話だ。


気味の悪い夢を見たように思う。

二階の自室のベッドの上で脂汗をかきながら目を覚ますと、まだ夜は明けていなかった。

月明かりで部屋の中は薄暗い。

今いったい何時だろう。

壁掛けの時計を見るため寝返りをうつ。

目の前に顔のようなものがある。

「きゃっ」

驚いて跳ね起き、壁側に身を寄せた。

暗がりのなか、恐る恐る見ると、両腕のない土偶《どぐう》のようなものがそこにある。

(なんだ。私まだ夢を見ている最中なのね)

ほっと胸をなでおろす間もなく、その土偶が口を大きく開いてこちらに向かってきた。

悲鳴をあげたとたん、全身に激しい痛みが走る。

「だいじょうぶ？　あんたどうしたの！」

気がつくと母親が心配そうに見下ろしていた。

いつの間に階段から転げ落ちたのか、一階の廊下で倒れていた。

階上の方から視線を感じ見上げると、両腕のない土偶が大きく口を開けてケタケタ笑っている。

「お母さん、あれ、なに？」

母親は返事をせずにリビングへ電話をかけにいってしまった。

救急車がきて、初めてケガをしていたことに気がついた。

両腕骨折の大ケガだった。

あの土偶がなんだったのかはよくわからない。

警備

警備会社勤務の男性の話である。


二〇〇四年の秋。

そのころ、とある郊外のショッピングモールに派遣されていた。

土日ともなると家族連れやカップル客など大勢でにぎわう。

週五日勤務で朝は八時から夜の十時半まで。休憩は一時間半ある。実働十三時間。

警備といっても一日中、立っているだけではない。

迷子の対応をしたり、館内やトイレの巡回、車両の搬入や誘導なども行う。

体力を使うが安定して金を稼ぐことができるし、なによりお客様から感謝の言葉をかけていただけることにやりがいを感じている。

この仕事が好きだ。

そのショッピングモールへ派遣されて二週間ほど経ったころ。

閉店時間が過ぎ、各店舗の従業員が帰ったあと、館内の見まわりをはじめた。

フロアごとに通路、店舗、トイレなどを迷子や不審者、不審物などの異常がないかをくまなくチェックしていく。

各店舗の照明は消えており、薄暗い非常灯のなか、懐中電灯一本だけを片手に見まわるのはあまり気分の良いものではないが、近ごろようやく迷わなくなったことが唯一の救いだ。

なにせ今まで働いていた場所とは比べものにならないくらいの広さで、まるで迷路のような建物だ。迷子のこどもが多いのも無理はない。

(以上なし、と)

すべての場所をチェックし、終業時間が過ぎてから、出口のある五階の自動扉の電源を落とした。

ガラスに手垢がつかないように手袋をしてから扉を開けて、表に出るとゆっくり閉める。

鍵は外側からかける必要がある。

扉の下の方に鍵が位置しているので、しゃがんで閉めようとしたときだった。

「すみません」

背後から女性に声をかけられた。

「はい」

返事をして立ち上がり振り向くと、女性は自分のすぐ真横を通って中へ入っていった。

客か従業員が忘れ物でもしたのかと一瞬思ったが、おかしい。

たった今、扉を閉めたところだ。

女性は閉まったガラスにぶつかることなく、すべるように中へ入っていった。

声を出すこともできずただ呆然としていると、女性は動いていない下りのエスカレーターの方へ向かいそのまま下りていって消えた。

(働きすぎだ)

幻覚でも見たのだと自分に言い聞かせて事務所に戻った。

帰宅してからコンビニで買ってきた弁当をぼんやり食べ、風呂に入ってからあることを思い出した。

あの女性の姿だ。

女性の首は不自然に真横に折れており、そこから血があふれ出ていた。

気のせいだ、なかったことにしようと別のことを考えていたが、突然思い出してしまった。

このとき初めて「ゆうれい」を見てしまったのだと震えがとまらなくなった。


翌日、休憩室で同僚に昨夜のことを話した。

「ゆうれいを見た」などという話をまともに聞いてくれるとは思わなかったが、そのことをひとりで抱え込む勇気を持ち合わせていなかった。

思いきって話すと、思いのほか同僚はなんのリアクションもなく「録画のビデオを確認したら」と部屋を出ていこうとする。

その同僚の後ろから腕をつかみ、ひとりでは厭だから一緒に見てくれと頼むと彼は表情も変えずに椅子に腰を下ろした。

昨夜のビデオの録画を再生する。

たしか時刻は夜十時半過ぎだった。

画面には自動扉の電源を切り、外に出る自分の姿が映っている。

しゃがみ込み、鍵をかけようとすると、背後から白いもやのようなものが近づいて来る。ほどなくして振り返る自分。その真横をもやが通り過ぎ、ガラスをすり抜けるようにして中へ入り、エスカレーターを下りていくのが映っていた。

無意識で歯を食いしばっていたのか、こめかみのあたりが痛い。

躰が小刻みに震えていた。

同僚は録画ボタンを停止し、

「よくあることだから気にするな」

そう言うと、先ほどと同じく無表情のまま部屋を出ていった。

数年前に、このショッピングモールの八階の立体駐車場から女性が死んだ転落事故があったということをあとで知ることとなった。

駐車場の下には空気清浄機の大きなファンがあり、首が切れて亡くなっているところを発見されたという。

事故以降、従業員や警備員たちが何度か同じ体験をしていたらしい。

怖がって辞めてしまう人もいるが、長いこと勤めている人は「よくあること」として
とくにそのことに触れないのだそうだ。

憧れの金縛り

梅原君の話だ。

将来はプロの声優になることを目標に、アルバイトをしながら専門学校に通っている。人生の勉強だと思い、今までさまざまな職種のアルバイトをしてみたが、せっかく働くならおもしろいことをしてみたいと思い、とあるバーのホールスタッフとして働きはじめた。

その店には「怪談師」という怪談専門の語り手がいて、一時間に一本約十五分間の怪談ライブをステージで行う。

僕らは表向きはホールスタッフだが、ライブ中には技術的な演出補助も行う。

怪談師は現在五人いる。

彼らはおそらくひとり五十話以上の怪談話を持ち合わせていて、そのときのお客様の年齢層や店の雰囲気を見て、ライブの直前になにを語るかを決める。

ホール業務や演出補助のほか、怪談師たちそれぞれの怪談の内容を覚える必要がある。

入店したてのころはついていくことができるか不安だったが、気のいい店長とフレンドリーな仲間がサポートしてくれるので楽しく働かせてもらっている。

なにより怪談話を聴けることが楽しい。

怪談師たちの新しい話を誰よりも早く聴くことができるし、ときどきはお客さまから聴かせてもらうこともある。

こどものころから心霊番組やお化け屋敷などが大好きだった。

実際に自分がそういった不思議な体験をしたことやゆうれいを見たことは一度もないから、ある種の憧れのようなものを抱いているのかもしれない。

この店で働きはじめてからは毎日のように怪談を聴く。

もちろん怪談師のライブがメインではあるが、お客様の中で「金縛り」について話す人によく出会う。

僕は一度も体験したことはない。

一度でも良いから、かかってみたいという願望がずっとあった。

金縛りというのは、眠っているときに意識ははっきりしているのにもかかわらず躰を動かすことができないらしい。

おまけに躰の上になにものかが乗っかっていることもしばしばあるのだとか。

慣れてくるとその解き方までわかるのだそうだ。

お客様からも似たようなことを何度か聞いた。

こんなにたくさんの人が体験したことがあるのに、なぜ自分にはないのだろう。

お腹の上に乗る「なにか」というのは「ゆうれい」のことを指すんだろうか。

そんな疑問をお客様と話していると、楽屋から怪談師が出てきて、

「躰が疲れているときの脳の誤作動がほとんどだよ」

そう言うとライブの準備のためステージ脇のカーテンを閉めたが、すぐに戻って来て、

「でもごくまれにそうでないこともあるかもねー」

とニヤリと笑った。

後者であってほしい！

ゆうれいを見たことも金縛りに遭ったこともないけど、いつかは見てみたいし体験も

したい！

学校も職場も新宿にあるので、どちらにも通いやすい中央線沿いの駅にあるアパートを借りている。

ロフト付きのワンルーム。

僕は、今流行りのミニマリストと呼ばれる分類に入ってもおかしくないほど極端に荷物が少ないから、これぐらいで十分だ。

床から梯子を上ったところにロフトがある。

天井が低いので立ち上がることはできないから、ここは寝床として使っている。

怪談バーで働きはじめてから二ヶ月が経ったころのことだ。

その日は日曜日で定休日のため家にこもっていた。

真夜中ごろだったと記憶している。

全身に激しいしびれのようなものを感じ、目が覚めた。

躰が動かない。

目はあいているのに寝返りがうてないし、声も出せない。

パニックになりかけた。

ところが瞬時に、

(待てよ？　ひょっとしてこれがあの金縛りというやつか？　ついにきた！)

内心嬉しくなった。

怪談師やお客様から対処法も聞いている。

今こそそれを使うときだ。

焦らずその方法で解いてみよう。

たしか指先に集中して、一本ずつ動かしていくと自然に解けると言っていたはずだ。

念願だった憧れの金縛りにやっと遭うことができたが、聞いていたとおりに指を動かすと、思いのほかすぐに解けてしまった。

一瞬は焦ったが、もう少し楽しめばよかった。

(明日出勤したら誰かに話そう)

胸を躍らせながら寝返りをうつと、目の前に足がある。

デニムを穿いた、おそらく男の足だ。

ここはロフトで天井は低い。

おとなの男が立てるような場所ではないし、第一自分はひとり暮らしだ。
（誰だ？）
ゆっくり見上げる。
知らない男が背中をまるめた状態でこちらを見下ろしていた。
「わっ！」
反射的に大声を出してしまった。
男は手を伸ばすと、僕の鼻と口を塞いできた。
苦しい。
息ができない。
殺される。
このまま死ぬのかもしれない。
顔、腕、足、あらゆるところに力を入れる。
男も力を入れる。
全身の力を振り絞りながら、必死に抵抗を続けた。
やがて、顔と男の手の間に少し隙間ができた。

その一瞬の隙を逃すまいと、そこに指を入れて男の腹を蹴りあげた。

ドン！

鈍い音とともに男は背中から一階に落ちた。

すぐに梯子を駆け下り追う。

逃げていく男の姿が見えた。

「待て！」

背中に声をかけると、男は一瞬肩をビクッとさせ、玄関脇に吊るしてある姿見の中に消えた。

（えっ？）

気が荒ぶっていたが、すぐに冷静になった。

（消えた？）

鏡の裏、トイレ、風呂場、どこを探しても男はいなかった。

玄関の鍵も閉まっていた。

これが、たった一度だけの僕の金縛り体験だ。

だが、話に聞いていたのとは様子が違った。
金縛りは寝ているときに遭うということだったが、僕は起きていた。
男を追って一階まで下りていっている。
これも金縛りの一種なのだろうか？
ま、やっと体験できて嬉しいからどっちでもいいけど。

閻魔さま

まゆみさんの話だ。

八つ歳の離れた叔父がいた。

母の弟にあたるのだが、ずいぶんと年下で、むしろ私と歳が近いこともあり、こどものころは一緒に遊ぶように言われていた。

叔父は三歳のころ、トラックの事故で大ケガを負った。

路上に停車していた大型トラックの下でボール遊びをしていたところ、運転手がその存在に気がつかずに発進させ、下半身をタイヤに巻き込まれてしまったらしい。

腸や膀胱《ぼうこう》の損傷もひどく、人工のものに取り替えられた。

医者は長く生きることはむずかしいと言ったそうだ。

ところが手術が終わり意識を取り戻した叔父は、

「閻魔《えんま》さまと約束をしたから今回は助かったの。式神を十二体借りたから死ぬときに手伝うの」

ベッドの上でそう言ったという。

三歳のこどもの口から「閻魔さま」「式神」という言葉がでたことに医者や両親は驚きを隠せなかった。

ずいぶんとかしこいこどもだと思われていたそうだ。

叔父は中学を卒業するまで何度も入退院をくり返していた。

私がもの心ついたころから「一緒に遊ぶように」と親から言われていたが、正直彼のことを好きになれなかった。

事故の影響で人工臓器になっているため、とにかく臭いが気になった。

同じ歳の子と比べて極端に躰も小さい。

しかも自分には「式神がついている」だとか「霊感がある」などとうさんくさいことを頻繁に言う。

躰については仕方のないことだとわかっていても、幼かった私はそんな叔父がたまらなく厭で話しかけられてもたびたび無視していた。

それでも叔父はいつも穏やかに笑っていた。

怒ったり泣いたりしているところを一度も見たことがない。

つれない私に対してもずっと優しかった。

それがかえってイライラの原因にもなった。

だから自然と疎遠になっていた。


私が二十歳になる年のことだ。

そのころ、毎晩のように不思議な夢を見るようになった。

夢の中ではいつも決まって仏壇のある和室にいる。

うつむき部屋の真ん中でなにかに脅えながら正座している。

顔を上げると自分をとりかこむように三人の年配のおんなが立っている。

(トライアングルみたいだな)

恐怖心とともに一方では冷静にそんなことを考えていると、おんなたちはこちらへ手を伸ばし近づいて来る。

身動きをすることができず、ただじっと座っていると六本の腕がゆっくりとせまってくる。

思わず目を閉じる。

その手が顔に触れるか触れないかのところで布団の中で目を覚ます。

この夢をもう一ヶ月以上、毎日見ているのだ。

仕事が忙しい母には相談できない。

しかし誰かに聞いてもらえないと、どうにかなりそうなほど毎晩眠ることが辛くなっていた。

またあの夢を見るのではないかと思うとたまらない。

それからは食事を摂ることもままならず、眠らないように真夜中でも起きていた。

当然痩せて仕事にもいけなくなった。

ある日、帰宅した母には申しわけないとは思いつつ夢のことを話した。

母は、叔父に相談するよう応えたが、叔父のことが好きではないことを正直に言うと、彼がこどものころに遭った事故のことや、手術後に話した閻魔さまのことを初めて話してくれた。

三歳のこどもにしてはあまりに難しい言葉や内容であったという。

「ぼくは本当はこの事故で死ぬはずだったんだよ。でも閻魔さまと約束したの。今回命を助けてやる。十二体の式神を貸してやるから、死んだあと、自分を助けてほしい」

そう閻魔さまに言われたのだという。

不思議なことを言う子だと医者や看護師たちは首を傾げていたそうだ。

「私の弟、あんたの叔父さんならね、きっとなにか良いアドバイスをしてくれるわよ。電話してみなさい」

母はそう言うと叔父の電話番号をメモ紙に書いた。

家から少し離れた場所で叔父はひとり暮らしをしていたが、もう何年も交流がなかった。

当時叔父は二十七歳で事務の仕事をしていた。

母からもらったメモ紙の番号にかける。

何コール目かでつながった。

久しぶりに聞く叔父の声は以前と変わらず優しかった。

あれだけ冷たくしたのに一度も責めるようなことを言われたことがない。

申しわけない気持ちと近ごろ見る夢のこともあり、受話器をにぎりしめながら頬に涙が伝っていくのを感じた。

解決してほしいわけではない。

ただ、誰かに聞いてもらいたかった。

「ゆっくりでいいよ」

叔父は私が話し出すまで無言で待ってくれた。

嗚咽《おえつ》がおさまり、ようやく最近見る夢の内容を伝えると、

「守護霊が弱っているね。このままだと悪さをするかもしれないよ。たぶん守りきれていないいんだね」

よくわからないことを言う。

「まゆみの守護霊と、ぼくが閻魔さまにもらった式神をしばらくの間交換しよう。三体をこれからそっちに送るから必ず守ってくれるよ」

「わかった。ありがとう」

私をなぐさめてくれるためのくだらない嘘だとは思ったが、話を聞いてくれたお礼を言って受話器を置いた。

とたんに頭のなかに「二十八」という数字が勢いよくよぎった。

（なに今の？）

そのときは不思議に感じたがすぐにそのことを忘れた。

叔父に電話をしたその日から、あの夢を見ることはなくなった。

話を聞いてもらったからなのか、それともにわかには信じがたい守護霊のおかげなのかはわからない。

そのうちに夢のことすら忘れていた。

一ヶ月ほど経って叔父から電話がきた。

「力、戻ったみたいだから守護霊返しておいたよ。まゆみの役に立てて良かった」

最初はなんのことを言っているのかさっぱりわからなかったが、どうやらあのとき話半分で聞いていた守護霊のことだったと思い出した。

「ありがとう」

一応お礼は言ったがとくに気にもしていなかった。

数日後、叔父は突然亡くなった。

亡くなる直前に、また脳裏に「二十八」という数字がよぎった。

たしかあの日も同じことが起こった。

「二十八」とはいったいなんのことなのか。

叔父が二十八歳で亡くなったこととなにか関係しているのかはわからない。

もしかしたら本当に目の見えないなにかによって、叔父は自分の命と引き換えに私を守ってくれたのかもしれない。

生きている間にもっと感謝を伝えるべきだったと、叔父が亡くなってから十年以上経った今でも後悔している。

だから同じ境遇の人のために少しでも役立つことができるように、勤めていた会社をやめ、今は介護職員として働いている。

もひとさん

幼少期

現在二十代のさとみさんの話。

こどものころ、東京の板橋にある古い一軒家で家族五人で暮らしていた。
両親からも祖父母からもたくさんの愛情を注いでもらった。
いわゆる過保護というやつだ。
とくに父は熱心に言葉を教えてくれた。
幼い私は、拙いながらも一生懸命に言葉を発していたらしい。
父は娘がなにを言っているのか理解しよう、汲み取ろうと想像力をフルに回転させる。
そうしたとき、父は決して赤ちゃん言葉は使わず、対等に話してくれていた。

だから幼い私はどんどん言葉を覚えた。

適当にあしらわない。

なんとか会話を成立させる。

そういったスタンスだったようだ。

あまりよく覚えていないが、私は三歳頃からお手伝いに目覚めたそうだ。

母は穏やかな人で、ときどき料理を手伝わせてくれた。

おとなになってから知ったが、あのとき私が使っていたのはおもちゃの包丁だったらしい。

母のマネをして食材を切るのが楽しかった。

日課となっていたのは、座敷の座卓テーブルに茶碗や箸を並べることだった。

自分を含め、五人家族だったが、いつも食事のたびに六人分のセットを用意していた。

家族の誰かが「ひとつ多いよ」と何度か指摘したが、毎回「モシトサンノ」と答えていた。

なにを言っているのかはわからなかったそうだが、家族は好きなようにさせてくれていた。

ある日、母から留守番をするよう言われた。

ひいおばあちゃんの葬儀の準備のため、家族全員が出払うことになってしまった。

娘をひとりでおいていくことは心配ではあったが、長時間空けるわけではない。

かしこい娘だから、少しの間であれば留守番ができるはずだと家族で決めたようだ。

母は家を出るときに「誰がきても絶対に玄関を開けたらだめよ」と何度も念を押し、鍵をかけていってしまった。

退屈しないようにとアニメのビデオをつけっぱなしにし、新しいおもちゃやお菓子も用意されていた。

しばらく夢中で遊んでいると、インターフォンが鳴った。

「誰がきても絶対に玄関を開けたらだめよ」

母からは口を酸っぱくして言われたはずだったが、幼い私は立ち上がると玄関へいき、扉を開けた。

制服のようなものを着たおとなの男のひとがふたりそこにいた。

たしか「ガス点検です」と言ったと思う。

ふたりを見上げながら「だれもいませんよ」と答える。

ところがふたりは強引に家の中へ入ってきた。

「だれもいません。だれもいません」

夢中で声をはりあげる。

ふたりは靴を履いたまま框を上がって中へ入ろうとした。

そのとき、背後からかすかな音と気配を感じた。

振り向くと、階段の上から裸足の足が下りてくる。

その足というのが膝から下しかないのだ。

筋肉質な男のひとの足らしい。

自称ガス屋の男ふたりは、悲鳴をあげ転げるように外へ出ていった。

逃げていくふたりを呆然と見ていたが、もう一度振り向くと階段の足はすでに消えていた。


帰宅した家族は玄関の扉が開いていたことに驚き「誰かきたの？」と聞いてきたが、私は「『モシトサン』が守ってくれた」とだけ答えたそうだ。

それからもしばらくの間、食卓には六人分の食器のセットを並べていたが、幼稚園にあがるころになると五人分だけ用意するようになった。

中学生になったある日「ところで、こどものころよく言っていたモシトサンてなあに?」と母からおもむろに訊ねられ、こう答えた。

「ああ。うちにいる『もひとさん』のことだよ」

中学生

中学に入っても相変わらず過保護に育ててもらっていた。

ほしいものはなんでも買ってくれたし、雨が降ると学校まで車で送り迎えもしてくれた。部活をやめてエキストラのアルバイトをしたいと言ったときにも、両親は反対することなく好きなことをやらせてくれた。

はなやかな芸能界に憧れ将来は女優になりたいと思っていた。

その日の現場はかなりの山奥だった。

映画の撮影で台詞もあると聞いていたので何日も前から楽しみだった。

現場までの電車の中ではイメージを膨らませ、喜び勇んでいったが、結局長い時間待機していたにもかかわらず、ロケは一瞬で終わった。

台詞もなく、カメラに映ったかどうかもわからない。

夢に一歩近づくことができるチャンスだと思っていたのにガッカリだった。

この日は学生役の役者が何人かきていた。

大手事務所に所属している子たちは、都内の最寄駅までドライバーさんが送迎してくれると聞こえてきたが、エキストラの私たちは「ここからは自力で帰ってください」と、田舎の知らない駅でおろされてしまった。

私のほかに現場で仲良くなった中学生のおんなの子がふたり一緒だった。

切符を購入し改札から中へ入る。

ともだちふたりは反対側のホームだというのでここで別れた。

田舎の駅ということもあり、自分のほかにホームには誰もいなかった。

ここから最寄駅までは二時間はかかるだろう。

向かいのホームではふたりがなにかおもしろそうに会話をしている。

電車がくるまでにはまだ時間があった。

退屈なのでリュックからスマホを取り出しモバイルゲームをはじめた。

画面に向かっているうちにかなり集中していたようだ。

「おい」

ふいに低い呼び声とともに、真後ろから誰かにリュックをひっぱられた。

倒れそうになったのをなんとか堪え、振り向くと誰もいない。

(なに？)

あたりを見渡すが、誰もいないしなにもない。

呆然としていると、またなにかに真横にひっぱられ、危うく転びかけた。

さらには髪をつかまれたり、押されたりする感覚もあった。

しだいにフラフラと眩暈がしてきた。

いったいなにが起こっているのか検討もつかない。

握っていたスマホの振動で我に返ると、向かいのホームに立っているともだちからの着信だった。

「あんた、危ない。さっきからなにやってんの？　立ったまま寝てるの？　ホーム落ちるよ」

足もとを見るとホームの縁ギリギリのところに立っていた。

慌てて跳び下がった。

すぐに向かいのホームに電車がきて「じゃあね」と電話が切れてともだちの姿は見えなくなった。

彼女の機転に胸をなでおろしベンチに腰を下ろすと、改札からスーツ姿の男性がホームに入ってきた。

やがて目の前を通り過ぎていく。

なぜだかよくはわからないがその男性を目で追っていた。

男性は立ち止まるとスマホを触りはじめた。

その姿をぼんやりと見ていると、突然その男性の躰が真後ろに跳んだ。

跳んだというよりもなにかにひっぱられたように見えた。

さらに続けて真横にはじかれるような動きをしている。

（さっきの私と同じだ！）

ほどなくしてホームに電車が進入してきた。

男性はフラフラと歩き、なにかに押されたようにそのままホームから線路に落ち、進入してきた電車に轢かれて死んだ。

高校生

高校生のころ、部活には入らずに居酒屋でアルバイトをしていた。

勤務はシフト制の早番で十八時から二十二時まで。

まかないがつくところがいい。

学校の授業のあとで平日は毎日シフトを入れていた。

高校生だから定時で帰してくれるだろうと思って面接をして勤めることにしたのだが、毎日のようにミーティングという名の残業があって店を出るのは二十三時を過ぎてしまう。

両親はとくになにも言わなかったが、祖母には「遊んでばかりいないで早く帰ってきなさい」とまるで夜遊びでもしているかのように小言を言われた。

その日も無駄な残業で帰りがすっかり遅くなってしまった。

店から家までは徒歩で二十分ほどかかる。

ダイエットのために自転車には乗らず毎日歩いている。

イヤフォンで好きなアーティストの曲を流しながら歩く。

家まであと三十メートルほどのところまできたときだ。

流れていた曲が突然とまった。

立ち止まりイヤフォンを外しポケットからスマホを取り出すと、電源が落ちていて画面は真っ暗になっている。

(故障かな)

その暗い画面を見ていると、男の顔が映っている。

慌てて振り向くと、知らない若い男が「よし」と言うなり顔をつかんできた。

とっさに大声をあげると男はそれに驚いたのか、走り去っていった。

全身から血の気がひいていくのを感じながら夢中で家まで走って帰り、警察に連絡をしようとにぎりしめていたスマホに触れたがすぐに電源が落ちていたことを思い出した。

ところが画面を見ると電源は落ちておらず、音楽も鳴りっぱなしだった。

ではさきほどのことはなんだったのだろう。

イヤフォンを外し画面に映る男の顔に気がついていなかったとしたら今頃大変な目に遭っていたかもしれない。

目には見えない誰かが自分を助けてくれたような気がしてならなかった。

社会人

高校を卒業してからは美容師になった。

手に職を持つという強みもあるし、客と会話することが好きだ。

美容師は天職だと思った。

ところが拘束時間は長く休日は少ない。

予約の多い日ともなると食事を摂るヒマすらなかった。

はじめのうちは実家から通っていたが、少しでも睡眠時間を確保するため職場の近くのマンションでひとり暮らしをはじめた。

唯一まとまって休むことができるのが年始だった。

今から数年前。

大晦日は閉店時間ギリギリまで働いた。

閉店後に店内で簡単な打ち上げをして、元旦はマンションでゆっくり睡眠をとってから二日に実家へ帰った。

両親は正月から仕事に出かけていて待っていたのは祖母だけだった。

母の手料理も好きだが、祖母が作る田舎料理が大好物だった。

炬燵にあたりながら久しぶりの味に舌鼓を打っていると、二階でガタガタと音が聞こえた。

認知症を患っている祖父の徘徊がまたはじまったと思い、

「おじいちゃん、またひどくなったの？」

尋ねると祖母はきょとんとした表情で、

「あんただいじょうぶ？　なに言ってるのよ。おじいちゃん去年死んでるでしょ」

なぜか祖父が亡くなったことが記憶から消去されていた。

葬式にも参加しているのに。

「あれ？　上、だれかいる？」

祖母は小さく「あんたがよく知ってるんじゃないの」食器を持って台所へいってしまった。

（そっか。もひとさんか。まだいるんだ）

この家には私がもの心ついたころから家族とは別の「もうひとりさん」が存在している。

もしかしたら、これまで何度か危険な目に遭遇するたびに自分を守ってくれていたのは、もひとさんなのかもしれない。

おんなの子

二〇一八年の春。

〈スリラーナイト〉が六本木から歌舞伎町へ移転する直前のことだった。

終電の時間はとうに過ぎていた。

客席には泥酔した中年の男性と若い女性のカップル。少し離れた席には長野県からきたという若い男性客がいて怪談ライブがはじまるのを待っていた。

中年の男性客はかなり上機嫌で終始大声で笑っていた。

こんなへべれけな状態で照明が落ちて暗くなったらまともに怪談話は聞いていられないだろうと思ったが、店長曰く、この方はどんなに酒を飲んでいてもライブがはじまると静かになり眠ることなくきちんと聞くらしい。

いわゆる「怪談マニア」の類の常連様なのだそうだ。

当時私はスリラーナイトに入店してまだ半月ほどだった。

週に二度程度しかステージにあがっていなかったので、そのお客様と会うのはこの日が初めてだった。

ライブの時間がきて、店内は真っ暗になりオープニング映像が流れる。

映像終了後、暗がりのなか速やかにステージへ移動し椅子に腰を下ろした。

照明が点きライブがはじまる。

ピンスポットが顔に当たっているため、客席はほとんど見えない状態だ。

ライブは約十五分間あるのだが、中盤あたりまできたとき、店内の空気がガラッと変わった感覚があった。と同時に、暗闇の客席の中でこちらに向かってなにかが近づいて来るのが視界に飛び込んできた。

(あの酔ったお客様だ。参ったな)

店長はいつもライブは静かに聴く方だと言っていたが今日は相当酔っている。

ほかにもお客様がいるからステージに上がられたら困る。

ライブを中断して注意しようとした。

ところが目を凝らしよく見ると、男性は席に座っている。

ただ、こちらを指さすと、

「いる！　いる！」

大声を出した。

バックヤードで待機していた店長が、お客様が酔っ払って声を発したのかと思い「お静かにお願いします」と言いにきたが、それでも男性はこちらに指をさし「いる！」と叫び続けた。

全身総毛立つのを感じた。

ステージに向かってきたのはその男性客ではなかった。

灰色がかった煙のようなものがゆっくりとこちらに近づいて来る。

長野県からきていたお客様も「なにかおかしい」と言い出した。

結局ライブは中断することになった。

照明を点けると、なにごともなかったようないつもの店内に戻っていた。

男性客に「なにがいたのか」と聞いたが「いた」とだけ答え、帰ってしまった。

暗がりだったせいもあり、自分も気のせいなのか、あるいは疲れがたまっていて幻覚でも見たのだろうと言い聞かせることにした。

それから数日が経ち、六本木店は閉店し、歌舞伎町店への移転準備で慌しくなった。短期間での引っ越しと内装制作、オープニングイベントのリハーサルなどを平行しながらスタッフも怪談師も総出で準備を進めた。

歌舞伎町店がオープンしてようやく落ち着いたころ。

ライブを終えてテーブル席にいたお客様と会話をしているところへ店長がやってくると、唐突に「謝らないといけないことがあります」と言い出した。

それはあの晩のことだ。

「実はあの日の前日に不思議なお客様がいらして……」

最後のライブを聞いていたひとりの男性客がいた。

閉店ギリギリまで飲んで終始ニコニコしていたそうだが、店の外へ出る直前に振り向くと、見送りについてきた店長に、

「あれ、どうする?」

バーカウンターの奥を指さして言う。

「あれって、なんですか?」

「あの子。あのおんなの子ずっとここにいるみたいだけど。どうする? 動かせるけど」

六本木店ではお客様やスタッフが店内で小さなおんなの子のゆうれいを見たという話がたびたびあった。

動かせる、というのは「連れて帰ることができる」とか「お祓いをする」とかそういったことなのかと話を聞いていた私は考えたのだが、店長はなにを思ったのか、

「じゃ、ステージにあげてください」

満面の笑みで頼んだという。

男性客は口の中で小さく「オッケー」とつぶやくと、バーカウンターの奥をじっと見つめながら、なにかぶつぶつと話し、しばらくすると「ごちそうさん」と手を振って帰っていったそうだ。

「実はそれが六本木でライブを中断したあの日の前日のことなんですよ。だからあのとき見たのってたぶんカウンターにいたおんなの子です」

「なんで連れていってもらわなかったんですか」

少し声を荒げて言う私に店長は、

「だってお客様に見せたいじゃないですかゆうれい。ここ怪談バーですよ?」

そうですかと答えて、もうそれ以上のことはなにも言わなかった。

学園

ゆかさんという女性の話だ。

カトリックの中学校に通っていた。
放課後、部活動を終え、友人と三人で教室を出る。
運動は苦手なので文化系の部活に入部していた。
春になり、だいぶ日が延びてはいたが校舎はすでに薄暗くなっていた。
窓の外では校庭でまだ活動をしている運動部員たちもいる。
三階の校舎から階段を駆け下りて一階の玄関へ向かった。
「帰りにカフェに寄っていこう」
先を歩く友人ふたりの背中に声をかけたところで、ふとある教室の前で足がとまった。

この教室は長い間使用されていない。

古くなったり壊れたりした机や椅子が積み重なっていて、倉庫のような状態になっているはずだ。

ふだんなら気にもとめず素通りをする教室だった。

扉には鍵がかかっているが、腰の上あたりからガラスがはめこまれているので、廊下から中が見える。

窓側の下には壁面収納用の棚があり、ほかの教室ではカバンや教材などが入れられているが、この使用されていない部屋ではよくわからないゴミのようなものが乱雑につめこまれていた。

その棚の手前に女生徒が立っている。

白いワンピースに三つ編みのおさげをした知らない子だ。

悲し気な表情でうつむいている。

(なにしているんだろう)

女生徒を横目に教室を通り過ぎてから、全身が粟立つのを感じた。

——今の子、躰が透けて後ろの棚に重なっていた。

しかも自分たちが着ている紺色のブレザーとはまったく違う制服を着ていた。
ここの生徒じゃない。
「ねえ」
私の声に、前をいく友人ふたりの肩がビクッと動いた。
ふたりはゆっくりこちらへ振り向き「なあに」と言ったが、明らかに目が泳いでいる。
「見た？」
ふたりは無言でうなずく。
私たちは歩きながら、あの教室にいたおんなの子の話をすりあわせることにした。
白いワンピースだよね？
うつむいていたよね？
三つ編みのおさげだよね？
透けて……いた？
もしかして、ゆうれいなんじゃないの？
全員見たものが一致した。
急激に怖さがこみあげてきて三人揃って、

「ぎゃーっ」

悲鳴をあげ玄関に向かって猛ダッシュした。

玄関の手前までくると、職員室から出てきた学園長に呼び止められた。

学園長は大騒ぎをしている私たちを叱ったが、空き教室にいた白いワンピースのゆうれいの話を伝えると、

「見間違いよ。カトリックではゆうれいは存在しないという考えなのよ。こわいと思うからこわいのよ。さ、早くお帰りなさい」

にっこり微笑んで玄関まで見送ってくれた。

学園長の言葉を聞くと、さきほどまでの恐怖心は薄れて、なにごともなかったようにカフェに寄って帰路についた。


数ヶ月後、学園は創立五十周年を迎えた。

その記念事業の一環として、古い校舎を取り壊し、新しく建て替えることと制服をモデルチェンジするという案がでた。

制服のデザインは創立当初のものが良いという意見も多かった。

学級委員長だった私は、ほかのクラスの委員長たちと一緒に代表で先生方と制服のデザインについての会議に参加する機会をもらった。

会議は学園長の部屋で行われ、私はこのとき初めて入った。

真ん中に大きなテーブル。そこを囲むように立派なソファがいくつかあった。

壁には何枚かのモノクロの写真が、同じサイズのフレームに入れられた状態で飾ってある。

その中に、古い生徒の写真が飾ってある。

写真に写る生徒全員が、白いワンピースを着ており、三つ編みのおさげという出で立ちだ。

ソファに腰を下ろすと、学園長が棚からアルバムを出して見せてくれた。

「これは創立時の学園と生徒です」

そこには学園を背にシスター、生徒たちが整列してこちらを見て写っている。

これも白いワンピースに三つ編みのおさげだった。

見覚えがあった。

あの日、あの空き教室にいた女生徒とまったく同じ姿だ。

「これ……」

あのときの、と言いかけたところで、学園長は（言うな）という目で私を見た。

言いくるめられたような状態ではあったが、それ以上なにも言えないし聞くことすらできなかった。

新しい制服のデザインは「創立当初のものを」という学園長の強い希望はあったが、話し合いの結果、まったく別のものになった。

私が在学していた当初、その学園は変革期だった。

あの日私たちが見たのは、昔学園に在学していた学生のゆうれいなのだと思う。

なぜあの教室にいたのかはわからない。

ただ、あのとき言えなかったことがあるのだが、少女はひとりではなかった。

白いワンピースで三つ編みのおさげをした少女は、折り重なるように、何人もあの教室で淋し気な表情で佇んでいた。

在学中に学園で亡くなった生徒がいるという噂を聞いたことがあるが、その真相はわからない。

投身

山本さんの話だ。


学習塾に通う息子を迎えにいく道中でのことだった。

夜九時過ぎに自宅マンションの駐車場から車を発進させ、ひとつめの角を曲がると、歩道をこちら へ向かって歩いてくる若い女性の姿に目がとまった。

ふだんであれば通行人のことなど気にもとめないのだが、なぜかこのときは違っていた。

この女性のことがどうしても気になった。

三十代前半くらいであろうか。長袖のパジャマ姿だ。

九月に入っていたが、夜になってもまだ蒸し暑かった。

車内のクーラーの温度を下げたが、すぐには涼しくならない。

女性とすれ違うとき、なぜか違和感があった。

頭の中がぼんやりとして、夢を見ているような不思議な感覚に襲われたが、次の信号で停止しクーラーが効きはじめるころにはすっかり忘れていた。

塾の前では息子がすでに待っていた。

車内に入ってきた息子に「どうだった?」と声をかけたが「べつに」とつぶやきすぐにスマホでゲームをはじめた。

思春期というやつだからしばらく放っておこう。

途中コンビニで飲み物を買ってマンションへ戻ってくると、駐車場の隅に人が倒れているのが見えた。

反射的に「うわ」と声が出てしまった。

後部座席から息子が「どうしたの」と聞いてきたが「なんでもない」とその場を繕い帰宅した。

息子が部屋に入ったことを確認し、すぐに駐車場へ戻った。

そこには、頭部が割れ、血を流したパジャマ姿の女性が横たわっていた。

目を見開いた状態で明らかにもう死んでいる。

間違いない。息子を迎えにいくときに見た女性だ。

すぐに警察に連絡をして第一発見者ということもあり、現場検証や事情聴取が行われ帰宅したのは深夜だった。

後日警察から連絡があり、女性はこのマンションの住人ではないことがわかった。

死後数時間が経過していたという。

息子を迎えにいって帰宅するまでは三十分もなかった。

道中女性の姿を見たことを伝えたが「そんなはずはない」と警察は言う。

遺体発見時にはすでに死後硬直がはじまっていたらしい。

田舎の夜は人通りが少なく、発見されるのに時間がかかったということだった。

電話を切ったあと、あのとき感じた違和感のことを突如として思い出した。

道で女性とすれ違うその一瞬、自分はなにかを見ていた。

夢のような状態でよく覚えていなかったが、彼女の足はふわふわと空中を浮遊していた。

まっすぐ前を見据え、なにかを見ているようで見ていないような形相をしており、やがてこちらを見て口の端をゆっくりと上げた。

発見時の女の遺体もまっすぐ前を見据え、口の端は片側だけ上がっていた。

自衛隊

元自衛官の小林さんの話だ。

一九九三年、当時私は海上自衛官をしていた。

教育隊での基本教育を終え、関西にある術科学校へ転籍となった。

割り当てられた部屋は狭い六人部屋だった。

プライベートのない不自由な生活だとは感じたが、自衛隊というのはこういったものだろうと自分に言い聞かせた。

部屋に入る前に、ひとつ気になることがあった。

入口に不自然にお札が貼ってある。

誰もそのことについて触れるものはなかったので、自分も黙っていた。

転籍初日の夜のこと。

二十一時に消灯し布団に横になったが、なかなか寝付くことができなかった。

幸い喫煙は許されているので部屋を出て娯楽室へ向かう。

娯楽室には一期上の先輩がいてタバコに火をつけているところだった。

挨拶をしてから自分も吸いはじめた。

「キミ、部屋どこ？」

煙たいのか先輩は目を細めながら言う。

「×××号室です」

先輩は「ふうん」とニヤニヤ笑う。

「なんすか」

その部屋気をつけろよ、と言って、火をもみ消すと先輩は戻っていった。

なにを気をつけたら良いのか言えよと内心思ったが、部屋に戻ると再び布団をかぶって横になった。

ほかの隊員たちはいびきをかいて眠っている。

やはり眠れない。

布団の中で何度も寝返りをくり返した。

やがて仰向けになったときだった。

腹や胸のあたりを誰かがまさぐっている。

（マジかよ誰だよ。俺そっちの趣味はねえぞ。勘弁してくれ）

すぐに足で蹴り上げた……はずだった。

ところがなんの手ごたえもない。

たしかに誰かが自分の躰に触れているはずだが、体温をまったく感じない。

「気をつけろ」と言っていた先輩の言葉と入口のお札が脳裏をよぎる。

暗がりの中、目を凝らし足もとを見ると、古い軍服を纏った男がこちらを見ていた。

咄嗟に喉の奥から声が出る。

「からかわないでください。あなた、たぶん海軍の兵隊さんでしょう?　私は自衛官です。同じ仲間です」

男の姿は消えた。

ほっとため息をつくと、耳元ではっきり聞こえた。

「黙れ、ばか」

介護

介護施設で働いている女性、野崎さんの話だ。


毎日重労働でヘトヘトになるまで働く。

忙しい毎日ではあるが、感謝の言葉をかけていただけたりすると心から嬉しい。

この仕事をしていると、自然と仲が良くなる入所者もいる。

数年前のことになるが、パーキンソン病を患っている山田さんというおばあさんがいた。

言葉遣いや振る舞いがきれいな方で、いつも「ありがとう」と声をかけてくれていた。

自分の母親も山田さんと同じ病気ということもあり、自然と特別に目をかけるようになっていたのかもしれない。

ある日、いつものように勤務の交替時間になったので、

「また明日くるからよろしくね」

声をかけ、扉を閉めるときに振り返ると、山田さんが奥のベッドに座り手を振っている。

「おやすみなさい」

電気を消し居室を出た。

それから一週間が経ち、いつもどおり慌しく働いていた。

入所者の消灯時間が過ぎ、一緒に勤務に入っていた同僚とともに記録業務をしていた。

ナースコールが鳴る。

「あら、山田さん？　どうしたのかしら」

すぐに対応しようと椅子から立ち上がり居室へ向かおうとした。

その手首を同僚がグッとつかんで私は椅子に引き戻された。

「なに？」

「なに、じゃないわよ。あんただいじょうぶ？」

同僚は青い顔をしている。

その顔を見て、この一週間のできごとを走馬灯のように思い出した。

「また明日くるからよろしくね」

翌日出勤すると、事務所が騒然としていた。

私が帰ったあと山田さんは真夜中に容態が急変し、朝の見まわり時にはすでに布団の中で冷たくなっていたとのことだった。

気づくことができなかった悔しさと看取ることができなかった悲しみとでいっぱいだった。

勤務中は必死に堪えていたが、タイムカードを切って更衣室へ入ったとたん腰から崩れ落ちて堰をきったように涙があふれ出た。

次の日からは夜勤だった。

悲しみを引きずったままだったが業務をこなした。

同僚が見まわりにいっていたときだ。

ナースコールが鳴った。

すぐに表示されていた居室へ向かう。

扉を開けると奥のベッドの灯りがついていて、山田さんが座ってこちらに手を振っている。

「山田さん、どうしました?」

部屋に足を一歩踏み入れたとたん、山田さんの姿は消え、真っ暗な居室にひとりで立っていた。

「なにしてるの?」

背後から見まわりの途中だった同僚に声をかけられ我に返った。

(なにしてるんだろう、私)

それから毎日真夜中にナースコールが鳴る。そのたび私は向かった。

扉を開けると山田さんがいて手を振っている。そして消える。

毎回山田さんがもういないということを忘れてしまうのだ。

なぜなら生きていたころと変わらずいつも優しく微笑んでいるからだ。

「しばらく新しい入所者もいないから、ナースコールの電源切っておこう」

同僚に言われ私はまた泣いた。

それから山田さんから呼ばれることも姿を見ることもなくなった。

今もその介護施設で働いている。

路地裏のバー

江沢さんから聞いた。


たまにいくバーがある。

東京上野の路地裏にあるそのバーは、レトロな雰囲気のたたずまいでひっそりと営業をしている。フラっと立ち寄ったのがきっかけだった。

古い民家を買って店として改築したらしい。

一階には厨房とバーカウンター。

二階はテーブル席が三つとトイレがあり、決して広くはないが、なんとも落ち着く店で気に入っている。

ふだんは居酒屋で一杯ひっかけたあと、遅い時間に訪れていたのだが、その日はめずらしく開店時間の十八時ぴったりに入店した。

カウンターでは若い女性バーテンダーがひとりでグラスを磨いているところだった。

「いらっしゃいませ」

パッと笑顔を見せ、好きなところへ座るよう案内してくれた。

まだほかに客はいなかった。

ビールを注文し頰杖をつきながら控えめに流れているジャズに耳を傾ける。

いつもは酒が入ってから来るせいか店内のことを気にもとめていなかったが、よく見るとかなり古い。

むき出しになった天井の梁。

バーカウンターの奥には襖があり、その中にキープボトルが保管されている。

もともとの造りを生かしたまま、あまり手をいれずに使用しているようだ。

「なんだか、ゆうれいでもでそうですね」

ビールとお通しのナッツを持ってきたバーテンに言うと、ニコニコしていた顔が一瞬くもり、目が泳いだような気がした。

「ごゆっくり」

彼女はまたグラスを磨きはじめた。

冗談の通じない愛想のない子だな、とも思ったがたまには静かに呑むのもいい。

喉が渇いていたのでビールを一気に呑み干す。

「お姉さん」

私の声に驚いた彼女は、手にしていたグラスを落とし店内に乾いた音が響いた。

「だいじょうぶかい？」

「あのっ。土地のせいだと思います」

彼女は割れたグラスを拾おうともせずに言う。

まだ勤めはじめて一週間ほどらしい。

別の店で働いていた経験もあり、オープン直後の客の少ない時間はひとりで任されるようになった。

ところがひとりでいると、呼ばれることがあるという。

「呼ばれるって、なにに？」

「おんなのひとだと思います」

「おんなのひと？」

「誰もいないのに、二階から」

そのとき、二階でなにかが床に叩きつけられたような大きな物音がした。

カウンターの中から彼女は飛び出てきて私の真横にぴったりとついて階段を見上げた。

二階からチラと長い髪の毛と、だらんと伸びた真っ白な手のようなものがゆっくり下りたように見え、女の声で、

『すみません……』

と聞こえた。

思わず椅子から転げ落ちてしまった。

「ただ、これだけなんで、もう少ししたら別のバーテンきますからっ」

あれ以来、行っていない。

ライブにて

ゆりなさんという女性からお便りをいただいた。


二月に、神楽坂で開催された怪談ライブ、初めて聴きにいったんです。

怖くて楽しかったです。

また聴きにいきたいです。

あの日、会場に飾っていたお人形さん、不思議でかわいいですね。

休憩時間に見ていたんですよ。そのお人形。

一緒に見ていたあの男の子、食い入るようにあの人形を見ていました。

その子に話しかけてみたんですけど、ぜんぜん返事もしないで人形だけを見ていました。

あれ？

ところであの日会場にお子さんていましたっけ？
小学五年生くらいの、ランドセルを背負った……
なんでランドセル背負ってる子が怪談ライブの会場にいたんでしょう。

この日のイベントの参加者のなかに、こどもはいなかった。

隣の家

とある男の子の話だ。

隣の家に暮らしていたお兄さんがいなくなってからしばらくして、夜中にしょっちゅう怒鳴り声が聞こえてきて目が覚めてしまいます。

ケンカをしているのかな。

その家には、若いお兄さんが犬と一緒に住んでいました。

うちとお兄さんの家の間には塀があって、そこから背伸びをして覗くとコンクリートの駐車場があります。

日が当たらないせいか夏でもそこだけひんやりしていました。

そこに「アカ」という名の大型犬が鎖でつながれています。

あとで知ったことですが、ゴールデンレトリーバーという犬種らしいです。

ずっとつながれっぱなしで散歩をしているところを見たことがありません。

ボロボロの毛布の上に、アカはいつも伏せた状態でそこにいます。

回覧板を届けにいくと、毎回吠えてとびかかってくるから、怖かった。

塀から覗いて、

「アカ」

と呼ぶと、アカは面倒くさそうに顔を上げこっちを見て「オフ、オフ」と変な鳴き声で吠えるとまた伏せて眠ります。

お兄さんは僕とよく遊んでくれました。

優しくてかっこよくて大好きでした。

お家にあげてくれて、ジュースを飲ませてくれることもあるしご飯をごちそうになったこともあります。

冷たいご飯の上にお味噌汁をかける「ねこまんま」というものを僕は初めて食べました。

お家に帰ってからお母さんに「ねこまんまが食べたい」と言うと「お行儀が悪いからだめ」と怒られてしまいました。

なにがお行儀が悪いのかよくわからなかったけど、お母さんの機嫌が悪くなることが
厭だからもう頼みません。
だからお兄さんのお家へいったときにこっそりと食べさせてもらいました。
のど越しがよくて最高！
お兄さんはいつも優しくていろいろ食べさせてくれました。
お腹がいっぱいになりすぎて、晩ご飯を残してお母さんに怒られることもありました。
お兄さんは優しいけど、アカを触らせてはくれませんでした。
吠えるから怖かったけど、あの大きな犬に触ってみたかった。
でもお兄さんはぜったいに触らせてくれません。

しばらくしてお兄さんとまったく会わなくなりました。
いつ行っても留守でした。
夜も電気が点いていません。
どこへ行っちゃったのかな。
またねこまんまが食べたいな。

塀から背伸びをして覗いてアカの様子を見ます。

ボロボロの毛布の上にアカは伏せた状態でじっとしています。

だけど最近すごく臭い。

なんの匂いなんだろう。鼻がもげそうな悪臭がします。


お兄さんと会わなくなってしばらくして、隣の家からしょっちゅう怒鳴り声が聞こえてきて目が覚めます。

それからときどき知らないおんなのひとがうちに駆け込んでくることがありました。

そのひとは泣いていてお母さんが背中をさすってあげて少しすると帰っていきます。


ある夜、眠っていると玄関をたたく音がして目が覚めました。

お父さんとお母さんが出るとあのおんなのひとが泣きながら、

「神主さんを紹介してください」

と言っていました。

僕にはわからなかったけど、おばけのお祓いとかをするんだって。

いつも決まった時間に駐車場から変な犬の鳴き声が聞こえるらしいです。それが毎日だから気味が悪い。もう耐えられない。引っ越し資金もないからすぐに出ていくわけにもいかない。だから神主さんかお坊さんの知り合いがいたら紹介してほしい。そう言っていました。

「変な犬の鳴き声？　それ、アカでしょ。オフ、オフ」

僕はアカの鳴き声をマネしました。我ながらすごく似ています。

だけどおんなのひとはその声を聞いて悲鳴をあげました。

「やめて、やめて」

頭をかきむしっています。

なんでそんなに怖がっているんだろう。犬が嫌いなのかな。

お父さんとお母さんは外に出ました。僕もあとについていきます。

おんなのひとはお兄さんの家の門扉を開けて中に入っていきました。

「ちょっと待っていてください」

おんなのひとは倉庫に懐中電灯を取りにいって戻ってくると、駐車場の中を照らしました。

「ここから、犬の声が聞こえるんです。いつも決まった時間に。何度見ても犬なんていないし、しかも鳴き声がするたびにものすごい悪臭で」

僕は目をこすった。

アカがいない。

いつも見ていたアカの姿がない。それればかりか毛布もつながれていた鎖もありません。

「アカは？」

お父さんに聞いてみました。

「もういないよ」

お兄さんはある日突然失踪したそうです。

それからすぐに、死んだアカを見つけたお父さんがこの駐車場脇の土にその死体を埋めたことを知りました。何日もそこにいたから腐っていたそうです。

後日、寺の住職にきてもらい、お祓いをしてもらうことにしました。

土を掘り返すと、中からたくさんの動物の骨が出てきたそうです。

お兄さんがいなくなった理由をお父さんもお母さんも教えてくれませんでした。

伯母

ひさこさんから聞いた。

母の姉である伯母が亡くなった。

長年自宅療養をしながら、ときどきは病院へ通っていたが、ついに治癒することはなかった。

母と伯母は仲が良かった。

穏やかで、優しい自慢の姉だとよく聞かせてくれた。

独身だった伯母は病気になってから、我が家からほど近いアパートに越してきてそこで療養をしていた。

「妹に面倒をかけるのは厭よ」

伯母はそう言っていたそうだが、近くに住むのは母の強い要望だった。

亡くなってからは慌しかった。

親戚や知人、ご近所への連絡、通夜葬式などで泣いている間もなかった。

葬儀が終わり、初七日を次の日に控えた夜のことだ。

風呂から出てリビングへ向かっていると、母の笑い声が聞こえてきた。

ここ最近悲しみに暮れていた母だったが、テレビでも見て気をまぎらわせているのかと思った。

リビングへ入ると足がとまった。

テレビはついておらず、母はこちらに背を向けソファに腰をかけてブツブツとなにかつぶやいている。

「お母さん？」

覗きこむようにして声をかけると、口の中で笑ってこちらを見た。

「明日は病院へいかないと」

「病院？　明日は病院じゃなくて伯母ちゃんの初七日だよ」

目の前にいるのは母なのに、明らかに様子がおかしい。

手になにかをにぎりしめている。伯母の病院の診察券だった。

「ママ、伯母ちゃんはもう亡くなったでしょう？　お葬式も済ましたでしょう？　明日は初七日よ」

くり返し訴えた。

ところが母は、

「明日は検査をして……それから……」

どこを見ているのかまったく焦点が定まっておらず、なんのリアクションもない。しがみつき涙を流しながらなんども母を説得した。

すると、ガラスの割れたような音がして部屋は一瞬静まりかえった。

タンスの上に置いてあった写真立てが、床に落下して割れていた。母と伯母がふたりで写っている写真だ。

「どうしたの？　あんたなに泣いているの？」

急に母がきょとんとした表情で私を見つめて言う。

今起こったことを一部始終説明したが、

「なに言っているのよ。あんた疲れているのよ。早く寝なさい。お風呂入ってくる」

まるで覚えていない様子で、むしろ私が変なことを言っていると思われてしまった。

母がリビングを出る。

『私、死んだのね』

背後で伯母の声がした。

反射的に振り向いたが誰もいなかった。

伯母は亡くなる数日前から意識がなかった。

亡くなったことに気づかず、病院にもアパートにも居場所がなく、自分がいったいどうなったのかを、母の躰を借りて知りたかったのかもしれない。

ロケ

ある心霊番組のロケで起こったできごとだ。

この企画は、まだ売れていないタレントが京都の心霊スポットをレポートするというものだった。

レポーターに抜擢されたのは、オーディションを受けた藤野という女優だった。

彼女は審査の際に「霊感がある」と自称していた。

スタッフからは「事前にスポットの地名やいわれを一切調べないでほしい」と伝えられていた。

実際に感じたり、見たことを先入観なくレポートしてほしいという番組側の依頼だった。

藤野さんはスタッフに言われたとおり、下調べをせずに現場入りすることにした。

東京から新幹線で京都入りし、初日のロケは深夜に行われることになった。

メンバーは、藤野さん、監督、助監督、カメラマンの四人で、ホテルから車に乗って出発する。

「今からいくのは最恐の心霊スポットらしいよ」

監督は目を輝かせて言う。

「えー、どこへいくんですか」

「内緒」

深夜のせいか道は空いていた。

ホテルから一時間ほど走っていくと、山道になった。

その先に車一台がやっと通れるような狭いトンネルが見えてきた。

「ここからロケをはじめます」

助監督が言う。

一月の深夜ということもあり、身を切るような寒さだ。

このあたり一帯が京都では最恐と言われる心霊スポットらしい。

ピンマイクをセットし、トンネルの入口からレポートをすることになった。

トンネル内はジメジメと湿っており、たしかになにか起こりそうでもあるし、出てきそうな雰囲気だ。

しかし、最恐とは名ばかりで、とくになにも起こらずすんなりと通り抜けてしまった。

出口を出ると、突然ザーッと勢いよく川の音が左右から聞こえてきた。

目の前には赤い橋が架かっている。

ずいぶんと下の方に川が流れているようだが、よくは見えない。

あたりには街灯もなく木々が生い茂っていて真っ暗だ。

雰囲気は抜群なのに、ここでもなにも起こらない。

厭な空気が流れている。

心霊的、という意味合いではない。

スタッフからの空気だ。

(こいつ、本当はなにも視えないいんじゃないか)

という空気である。

(やばい。東京から時間もお金もかけてきて、ギャラももらうのに、なにも起こらないではシャレにならない)

藤野さんは焦りはじめた。正直、自分の霊感にも自信はない。

なにか起こったら怖いから厭だなとは思っていたが、まったくなにも起こらない方が番組的には恐ろしい。

そんなことを考えているうち、赤い橋も渡りきってしまった。

（どうしよう）

トンネルと、今渡り終えた赤い橋が番組のメインとなる予定のスポットだった。

そこを五分もかからずにすんなりと来てしまったのだ。

スタッフの冷たい視線が突き刺さる。

ふと見ると、橋の脇に、ゆるやかな坂道がある。

目線に気づいたのか、監督が藤野さんの背中をつついた。

舗装がまったくされていない土道で、左手は林になっており、右手は崖になっている。

ここを下っていくと、橋の下の川へと繋がるのだろう。

足もとは落ち葉で埋め尽くされている。

「じゃあこの道行ってみようか」

と、監督が声をかけ、下りはじめた。

しばらく歩いていくと、突き当たりにボロボロになった小屋のようなものがある。

かつては誰かが使っていたのだろうが、今にも崩れ落ちそうだ。

この小屋の前にきて、藤野さんはあることに気がついた。

(ひとり、多い……)

このロケに来ているのは全部で四人だ。ところが明らかにもうひとりいる。

リポートを続けながら、藤野さんは人数を数えはじめた。

「一、二、三、四……あれっ？」

やはり五人目がいる。

監督の真後ろに、もうひとりいる。

「誰かいますよ」

思わず藤野さんはつぶやいた。

そのときだった。

『違うよ』

と、どこからか声が聞こえた。

「何が違うの？」

藤野さんはとっさに答えた。と同時に意識がとんだ。

ここからは藤野さんがスタッフに聞いた話が混じってくる。

この道は、もう最近はほとんど使用されていないのか手入れもされておらず荒れ放題だ。右側の崖にはガードレールもついていない。

足もとに気をつけながらロケを続ける。

地元の人、あるいは釣り人が作ったのか、崖へと続く粗末な土の階段がある。

藤野さんは突然その階段を下り出した。

監督やスタッフも慌てて彼女を追って下りていく。しかし先にも書いたが非常に粗末な階段で足場がかなり悪い。歩幅も狭く滑りやすい。

「確かめなきゃ」

藤野さんはそう言いながら更に下っていく。

「あの子、いいじゃん。タレントとして見せ方をよくわかってる」

カメラマンが言う。

しかし、だんだんと後方に続くスタッフが追いきれないほどになっていった。あたりに灯りはない上に、この下は崖だ。

「藤野さん、気をつけてください」

助監督が彼女の背中に声をかけたが返事もせずに下っていく。

「これ、もしかしてやばくないか？」

監督が異変に気がつき、彼女に止まるように指示をする。しかし止まらない。

このままではケガをしたり崖から落ちる危険もある。

「止まれ！　戻れ！」

監督が叫ぶ。

藤野さんは下り続け、視界から姿が見えなくなった。

助監督がメイキング用のカメラを投げ出し、彼女を追って崖を下る。

その姿を監督とカメラマンは呆然と見ていた。

「しっかりしてください、藤野さん！」

後ろから首根っこをつかまれ、彼女は引き戻された。

気がつくと川の中にいる。

「確かめなきゃ……確かめなきゃ……」

無意識に口が動き、なおも水の中へ水の中へと入ろうとしていた。

助監督が彼女を羽交い絞めにし、河原で尻餅をついて藤野さんはようやく我に返った。

先ほどまで崖のずっと上の道にいたはずだった。

「私、今なんでここにいるんでしょうか」

「いいからとにかく戻ります！」

助監督が彼女の手を引き立ち上がろうとしたが、途中で足をくじいたようでズキリと痛みがはしる。

足を引きずりながら、下りてきた階段を再び上がるが、この景色にはまったく見覚えがなかった。

崖の上の小屋の前では監督とカメラマンが青い顔をして待っていた。

カメラの電源は落とし撮影は中断したようだった。

「今日は帰ろう」

監督の指示で、歩き出す。

藤野さんは、どうしても気になることがあった。

「監督、さっき、声……聞こえましたよね？」

監督は返事をせず前を歩く。

「あの……」

すると監督は、

「今、カメラまわしてないから、そういうこと言わなくていいよ」

と冷たく言う。

「いえ、そういうことではなくて、聞こえませんでした？」

「カメラまわってないから良いってば」

「聞こえていたはずです」

「うるさい。だまれ」

「でも……」

「だから、今その子がついて来ているんだって！」

監督の怒声と同時に、藤野さんの足に、ぴちゃりと冷たい布きれのようなものが触れた。目線を下ろすと、もみじほどの小さな手が、左の足首を掴んでいる。

足と足の間には、眼球の飛び出た顔があり、こちらを見上げていた。

「いやぁ！」

藤野さんは気を失った。


この日のロケは中止となり、一行はホテルに戻った。

「事前にスポットの地名やいわれを一切調べないでほしい」

スタッフからそう指示されていた彼女は、後に調べてみると、この地は元々風葬の習慣のある場所で、現在も自殺者や水難事故の絶えない場所であることがわかった。

助監督に止められていなかったら、川の中に引きずりこまれていたかもしれないと思うと震えが止まらなかったが、タレントとしての役割を果たすことはできたと、彼女は小さくガッツポーズをした。

問題のシーンはカットされ、藤野さんが崖を下るところまでを収録したその映像は、発売されて現在も市場に出まわっている。

どこかで

加藤さんが小学生だったころの話だ。


その朝、僕は通学路をひとり、急ぎ足で学校に向かっていた。

毎朝七時半に「登校班」と呼ばれる決められたグループで待ち合わせをすることになっていた。ところがその日は寝坊してしまった。

出がけに母がパンを持たせてくれたので道々食べながら早足で歩く。

周囲には自分と同じ小学生は誰もいない。

土手の階段を駆け上がり川沿いの歩道に出ると、犬の散歩やジョギングをしている人が多くいた。

ところがある瞬間、躰がかたまった。

ギラリと光るなにかが視界に飛び込んできたからだ。

前から歩いてくるおじさんの右手に包丁が握られている。

おじさんはニタニタと笑いながら右手を振り上げると、奇声を発しこちらに向かって走ってきた。

（逃げろ。殺される）

自分に言い聞かせたが震える足は一歩も動かない。

目を閉じたと同時に、布団の中で目を覚ました。

（なんだ。夢か）

ぐっしょりと脂汗をかいていた。

階下から母親が呼んでいる。

時計を見ると集合時間を過ぎていた。

ランドセルを背負って階段を駆け下りる。

「もう、なんども起こしたのに！　これ持っていきなさい」

スナックパンを手に載せ背中を押された。

家を飛び出し土手の階段を上がり川沿いの歩道に出る。すでに息があがっていた。

いつもと同じ光景がひろがっている。

ところが、躰がかたまり立ち止まった。

知っているおじさんがいるからだ。

(誰だっけ?)

なぜか足がすくんで前に出ない。

やがておじさんは僕の横を通り過ぎていった。

ゆっくり振り向くとおじさんもこちらを見ていた。

「どこかで会いましたっけ?」

「昨日の夢」

蚊帳

長田さんのお祖父さんの話だ。


生まれつき心臓が弱かった。

十代のころ、療養をかねて群馬のとある寺にお世話になることになった。

都会と違って空気がおいしい。

寝床は、ふだんは客間として使用されている座敷に住職の奥様が布団を敷いてそこに蚊帳《かや》を吊ってくれた。

澄んだ風が心地よく、夜はよく眠れる。

寺へきて四日目のことだった。

真夜中、寝苦しさで目が覚めた。

吊った蚊帳の上に、若い女が腹ばいにはりついていて、笑いながらこちらを見ている。
女は目が合うと、蚊帳を爪でカリカリとしだした。
思わず悲鳴をあげ、蚊帳をめくって外に出た。
悲鳴を聞きつけて住職と奥さんが客間へやってきた。
今あったことを話すと、住職は血相を変えて本堂へ向かった。
そこには新仏が安置されていた。
婚約していた男性に捨てられた若い女性だったそうだ。
「あなたに惚れてしまったのかもしれないが、厄介なことになった」
どう厄介なのかはわからないが、それ以上のことは聞けなかった。

終電にて

鉄道会社職員の福本さんの話だ。


残業を終えて最終電車に乗った。

入った側から反対のドアに肩でもたれながら窓の外を見ていた。

車内は空いていたが、座ることはできない。鉄道職員の暗黙のルールなのだ。

研修や新人教育の際に「座るな」と教えられたわけでもないが、自然と座らないことがしみついていた。

一日の勤務を終え、ヘトヘトで空腹だった。

幸い実家暮らしなので、帰宅すれば母が作った夕食がある。

早く食べたい。今夜はなんだろう、などと考えていると、どこからか焼きそばの匂いがただよってきた。ソースの、甘い食欲をそそられる匂いだ。

(誰や。こっちは腹減ってんのに焼きそばのええ匂いさせやがって)

あたりを見まわすと、座席で幼い男の子が焼きそばパンをおいしそうにほおばっている。靴を脱いできれいに揃え、行儀よく正座している。

(うまそうやな)

匂いにつられて腹が鳴る。

ところが、親御さんらしき人がいない。こんな遅い時間にこの子ひとりでどうしたんだろう。

そのとき、扉を開けて後ろの車両から作業服姿の男性が入ってきた。見るからに泥酔しており、千鳥足でフラフラと目の前を通り過ぎていく。

ドサッと大きな音を立て、さきほど焼きそばパンを食べていた男の子の上に座った。

勤務時間外ではあったが、とっさに「ちょっと、お客さん!」慌てて駆け寄りどかせようとした。

「ああん?」

男性は面倒くさそうにこちらを睨みつける。

そこには男の子の姿も揃えて置いてあった靴もなく、焼きそばの匂いさえも消えていた。

クラクション

福島県に住む和田さんの話だ。

東日本大震災から約一年が経っていた。

我が家があったのは、原発から三十キロ以内のO町だ。

当時は帰宅困難地域に指定されていたため、強制的に避難生活を余儀なくさせられていた。

一時帰宅の許可が出たのは震災から一年半後のことだ。

ようやく我が家へいくことができる。

妻に「自分たちの家で眠ろう」と話をもちかけたが、彼女は首を縦に振らなかった。

町中のひとが戻るわけでもなく、放射能の不安もあると拒んだ。

しかし私は久しぶりにどうしても自宅で過ごしたかった。その気持ちが大きかった。一日だけ様子を見てくる、妻にはそう伝えてひとりで仮設住宅を出た。

久しぶりに帰ってきた町は、震災からほとんど手がつけられておらず、かつてとはまったく違う異様な雰囲気だった。

周辺の近所は誰も帰宅しておらず、夜になると町は静かで真っ暗だった。

それでも久しぶりの我が家は嬉しかった。つかの間ではあるが、ゆっくりしていこう。やることもなく、話し相手の妻も今夜はいない。早めに眠ることにした。思いのほか疲れていたようで、すぐに眠りについた。

どれくらい眠っていたのかわからない。車のクラクションで目が覚めた。

(うるさいな)

少し気になったがそのまま眠ろうと布団を被りなおした。ところが音は何度も聞こえてくる。

他県から、被災地の様子を面白がって見に来る心無い連中がいるという話を聞いている。腹が立つ。布団の中でしばらくは我慢していた。しかし、音が増えていく。一台、二台、三台、さらに増え続け、爆音であたりが包まれた。

我慢の限界だ。罰当たりな奴らに文句を言ってやろう。

布団をめくり、一階へ下りる。

玄関を開けたと同時に音がピタリと止まった。

車どころか誰もいない。静かな闇が広がっているだけだった。

首を傾げ、戸を締め玄関でサンダルを脱ごうとするとまた聞こえた。再び戸を開けると、遠くで懐中電灯の灯りが動いているのが見えた。気になり外に出てそこへ向かう。

一台の車があり、中で手を振る女性の姿が見えた。

（なにをしているんだろ、あんなところで）

車に近づこうとしたとき、足もとにあった石につまずいて転倒してしまった。

顔を上げると、車はなく、灯りも消えていて、闇の中を、たったひとりでいることに気がついた。

さきほど車の中で手を振っていた女性を思い出したとき、悲しみと恐怖が入り混じり、涙があふれ出た。

あのクラクションの音は、心無い連中ではない。かつて津波に流され車の中から懸命に助けを求め続け、亡くなっていった町のひとたちだ。

真っ暗な闇の中、泣きながら自宅に戻った。

布団にもぐってから、再び音は鳴り出した。それは一晩中鳴り続け、一睡もできなかった。

翌朝、妻の待つ仮設住宅へ戻った。

現在は自宅を手放し、福島県内の新たな地で生活をしている。

助かったこの命を大切に妻とこれからも生きていこうと思っている。

カーブ

専門学校に通う女性の話だ。

風の強い日だった。

学校の授業を終え、どうやって帰宅するかを迷っていた。

ふだんは学校から自宅までの間を四十分ほどかけて原付スクーターで通っている。田舎町で電車の本数が少ないこともあり、その方が便利だった。

しかしその日はかなりの強風のため、原付だと風に煽《あお》られる危険性もある。

電車で帰ろうかと駅で時刻表を見ると次がくるまでは一時間ほどある。

一瞬躊躇したが待つことが面倒だったため、結局原付で帰ることにした。

駅周辺は飲食店やデパートなどもあり少しはひらけているが、少し走るとすぐに田園が広がる。

周りを遮るものがなにもないので風をもろに受けてしまう。

速度をかなり落としながら慎重にハンドルをにぎり続けた。

二十分ほど走ると、両サイドが畑になっており、そこを越えると山道へ入る。

風はさらに強く吹きつけてきた。

山道へ入り、カーブにさしかかったときだった。右側のミラーになにかが映ったような気がした。

運転中なので凝視することは難しい。横目でチラッと見ると、茶色いなにかがうねうねと動いているのがわかる。

風に煽られながらもどうしても気になりもう一度見ると、それは茶色の手が何本も折り重なるように後ろから迫ってきているのだった。

「うわッ！」

驚いたと同時に視線を前に戻すと、目の前に電柱があり、そこに激突して原付ごと倒れた。風に煽られまいとハンドルのアクセルをにぎり締めていたので、原付とともにそのまま地面を引きずられていく。

ようやく手を離し、動きは止まったが、このままだと後続車に轢かれる可能性がある。全身が痛くてたまらない。

なんとか原付を脇までひきずり、湿った落ち葉の上に倒れこんだ。とたんに後続車が次々と勢いよく通り過ぎていった。

立ち上がろうとしたがどこかの骨が折れているのか、躰がいうことをきかない。手は血と泥にまみれていた。

振り向くと「死亡事故多発」というボロボロになった注意喚起の看板が電柱に括《くく》りつけてあった。

「ここ、なんで事故が多いんだろうね」

家族とこの場を車で通るたびに話していたが、このときようやくその意味がわかった気がした。

トンネル

地名を伏せて書く。

美奈さんはその場所へいったことを二十年以上後悔し続けている。

当時大学生だった彼女は、深夜のダブルデートをかねてドライブをすることにした。

美奈さんの彼氏の運転する車で親友のユミさんとその彼氏も一緒だ。

男性ふたりは前に、後部座席に美奈さんたちが座る。

彼氏が「せっかくならスリルを味わいたい」と言う。

中国地方のとある場所に地元では心霊スポットとされている古いトンネルがある。彼氏の希望でここが行き先に選ばれた。

十数年前に、トラック運転手が当時小学生だったおんなの子を連れ去り、このトンネル内で暴行殺害をしたという事件があった場所だった。

事件以降ここを通った人の間では「ゆうれいを見た」「心霊現象が起きた」などという噂が立ちいつしか心霊スポットと呼ばれるようになっていた。

夜十一時頃に待ち合わせをして車で一時間ほどかけてトンネルへと向かった。

いくつかの山を越えるとあたりは静けさを増していく。左右一帯が山だった。

「もうそろそろだと思うけど」

やがて、前方に古いトンネルが見えてきた。

草が伸び放題でまわりを覆い尽くしている。民家などはまったくない。

「あった！」

「こわそう」

有名な「心霊スポット」と呼ばれる場所へきて美奈さんも心を躍らせていた。

外側から見ても想像以上のこわさがあり、全員興奮気味だった。

「せっかく来たんだから、入ってみようよ」

美奈さんが提案すると車は速度を落とし、トンネル内へ進入していく。

中に照明はあったが、所々切れていて薄暗い。

なにか起こるのではないかという期待と不安感で車内は包まれていた。

車はゆっくりと進んでいく。後続車はない。

中央あたりまできたが、噂で聞いていたようなことはなにも起こらなかった。

「なにも起こらんやん」

美奈さんの彼氏が言ったときだった。

突然エンジンが切れて車が停止したと同時に車内が暗闇に包まれた。

運転していた彼氏が自分たちをこわがらせようと悪ノリでふざけているのだろうと、

「もう、そういうのええから」

美奈さんがすかさず突っ込みを入れる。

「うわぁ!」

彼氏が悲鳴をあげて車を降り、トンネル内を走って逃げ出した。

「なに?　なんなの?」

すると隣に座っている親友のユミさんが、

「ねえ美奈、なにこれ。私の足これどうなってんの?」

美奈さんの袖をひっぱった。

暗がりでよく見えない。目を凝らして足もとに目線を落とすと、ユミさんの足を掴む手とそのすきまから目玉が動いているのが見えた。

「ぎゃぁッ」

思わず悲鳴をあげて外に転げ出た。

それに続きみんな一斉に車を飛び降り叫び声をあげながら出口を目指す。

ようやく出口まで戻って呼吸を整える。

「あれ？」

ユミさんがいない。

「ちょっと！　ユミ！」

大声で叫んだ。

声はトンネル内を反響する。返事はない。

三人は顔を見合わせると、すぐにもう一度トンネル内に入り車へ戻った。

ユミさんはいなかった。

両側の出口、この周辺を何度も往復して探したが、見つからなかった。

後日地元の警察や捜索隊が出動し行方を捜したが、とうとう彼女が見つかることはなかった。その後、このトンネルはフェンスで塞がれ立入り禁止となった。

ユミさんが行方不明になったことのショックはもちろん大きかった。警察からは疑いをかけられ何度も事情聴取をされた。

心身ともに疲弊しきっていた。

遊び半分でいったあの場所でまさか大切な友人をなくすことになるとは思いもよらず、二度と悪ふざけで心霊スポットへいくことはしないと心に決めた。

トンネルⅡ

正也さんは姉の美奈さんから何度も「心霊スポットにはいっちゃダメよ」と釘を刺されていた。

姉の友人ユミさんが行方不明になったからと聞かされてはいたが、特に気にとめていなかった。

ユミさんの失踪事件から数年が経ったころ。

正也さんは高校三年で運転免許をとると、姉の忠告を無視し、ともだちと三人でそのトンネルへいくことにした。

なんとしても心霊写真を撮ってみたかった。「こどものゆうれいが出る」とか「心霊現象が起こる」など様々な噂がある。

家からこっそりと父親の一眼レフを持ってきた。

姉の友人が行方不明になってからはそのトンネルはフェンスで塞がれており、すでに新しいトンネルが開通していた。

塞がれた方は「旧××随道」と呼ばれ地元ではすっかり心霊スポットとして名が知れるようになっていた。

山道をしばらく走っていくと、遠くにトンネルが見えてきた。

新トンネルは中についている照明も明るかった。そのすぐ横に、すっかり忘れられたように旧トンネルがあった。

少し手前で車を脇に寄せ、徒歩で向かう。

あたりは草木が伸び放題で地面からもコンクリートを割って覆い尽くされている。

懐中電灯を手に、足元を照らしながら進んでいった。

近づいていくと、ヤンキーが度胸試しにでもきたのだろうか、フェンスは乱暴に破壊されており、簡単に中に入ることができた。

使われていないトンネル内は湿った空気の臭いが立ち込めている。ここも地面には草が生え、落ち葉だらけだ。聞こえるのは虫の音くらいで静かだった。雰囲気は抜群だ。

壁面から雫がしきりに滴っている。

持ってきたカメラであらゆるところを撮影した。

なにか写るのではないか、なにか起こるのではないかと期待に胸を躍らせ、ともだちは無意味に奇声を発したりしている。

中の雰囲気は良かったが、さほど距離は長くなかったため、出口までいくと、引き返して帰ることにした。

トンネルを出て車に乗りこむと、さきほど撮ってきたカメラになにか写っていないか確認することにした。

撮影した写真の中には、一面にオーブのような赤い光のつぶが写っていて一気にテンションが上がった。

「すげー！」

「どれ？」

「これこれ」

全員が顔を寄せカメラを覗きこむ。

「いいもの撮れたな」

「見せろよ」

「ところで正也、お前の隣にいるその子だれだっけ？」

友人に聞かれ、カメラを見たまま答える。

「ユミちゃん」

「ユミって誰？」

「あ、本当だ。ユミって誰だっけ」

顔を上げると、土気色の肌の女が自分たちと一緒に顔を寄せてニヤニヤとカメラを覗きこんでいる。

悲鳴をあげて車の外に転げ出ると、山道を三人で全力で走り逃げた。

なぜ姉の親友だったユミさんの名前が出てきたのかはわからないが、自然と口をついて出ていた。

こんな場所へきてはならないという警告だったのか、それとも自分を置いて逃げた姉の美奈さんを怨んでいるのはわからない。

ユミさんは行方不明と言われているが、もうこの世にはいないのではないかと正也さんは感じたそうだ。

お菓子

映像ディレクターの長谷川さんからこんな話を聞いた。

彼には十歳離れた親戚のお姉さんがいる。

亜紀さんといって、性格のサバサバとした面倒見の良い人で長谷川さんはこどものころから本当の姉のように慕っていた。

亜紀さんは千葉県の松戸市と市川市の境にある矢切《やぎり》に一軒家を建て、そこでふたりの娘と住んでいた。

二〇一四年の九月のこと。

長谷川さんは千葉県での仕事の依頼を受け、この仕事の期間中は親戚である亜紀さんの家に泊まることにした。

次の日からの仕事に備え、前日に家にいくと、亜紀さんや姪っ子たちとの親戚同士の語らいを楽しんだ。

幼かったふたりの姪たちはすっかりおとなびており、長谷川さんは、

「高い、高いしてやろうか」

などとからかったりしながら楽しいひとときを過ごし、二階の客間で早めに眠りについた。

真夜中ごろだった。

腹部あたりに違和感があり、目が覚めた。

なにかに押されているような感覚で吐き気がする。借りているベッドの上で吐くわけにはいかない。

(トイレ……)

起き上がろうとしたが、なにかに腹を踏まれていて動けない。見ると、足がある。男のようだ。男はゆっくり足を上げ、長谷川さんの腹に下ろす。

「うッ」

声にならない声を出し、ベッドから転がり落ちた。強烈な吐き気に襲われ、匍匐《ほふく》前進しながらトイレに向かう。

部屋に戻ることが気味悪く思え、長谷川さんはその日廊下で眠った。

翌朝、階段を下りてリビングへいくと、亜紀さんが朝食の支度をしているところだった。

亜紀さんは長谷川さんの顔を見ると、

「やっぱりなんかいた?」

眉をひそめて言う。

「なに、やっぱりって」

「うちの二階、なんかいるみたいなのよ」

「なんにも感じなかったけどな」

長谷川さんは昨日のことは一切言わなかった。話したら亜紀さんも姪たちも怖がるだろうと気を使ったのだ。

しかしそれから一週間もの間、毎晩その男が現れて長谷川さんの腹を踏み続けた。

千葉での仕事を終えると、そのことはなにも告げずに東京へ帰った。

年が明け、あの家でのことなどすっかり忘れていたのだが、亜紀さんから電話がかかってきた。

「あなた、やっぱり気づいていたんでしょう？　どうして言ってくれなかったのよ」

亜紀さんは、毎晩起こる怪異に耐え切れず、ある住職に電話で相談をした。

その住職は尼僧だった。

尼僧は実際に家を見る前に電話口で、

「兵隊さんがいるようですよ」

穏やかな声で言う。

「兵隊さん？　どうして家に？」

「お子さんのお菓子が目当てみたい。それを食べにきているようです」

尼僧さんはそう言ったのだが「お子さん」といっても亜紀さんの娘たちはふたりとも成人している。上は二十一で下は二十歳だ。

お菓子を買い与える年齢でもない。

尼僧は続けて、

「封が開けられたお菓子……あらあら、たくさんあるわね。どうやらそれが目当てみたいだわ」

心当たりはまったくなかったが、娘たちが帰ってきてからまずは上の娘に、

「あんたこの部屋にあるお菓子ちょっと全部出してみなさい」

声をかけたが「そんなのないよ」と軽くあしらわれた。

ならば妹だ。しかし妹は食が細く躰も細い。ふだんから食事もあまり量を食べなければ好んでお菓子を食べる様子もなかった。

まさかとは思いつつ、

「お菓子出しなさい」

亜紀さんが言うと、机の引き出しを開けた。続けてベッドの下、タンスの中、クローゼットにいたるまで封の開いた食べかけのお菓子がいくつもでてきた。

話を聞いてみると、下の娘さんはダイエットに夢中になっていて食事の制限をしていたが、その反動で常に空腹状態になり部屋にお菓子を持ち込んでこっそりと少しずつ食べていたということだった。

お腹を空かせた娘さんとその兵隊がシンクロしてしまったのではないかと尼僧は言ったそうだ。

この家を建てた矢切は、国府台《こうのだい》の町と続いており、日本が第二次世界大戦で敗戦する

までは陸軍の施設がおかれ、射撃場や演習場などもあった。

まわりは小さな城跡が公園になっている。

現在は東京近郊の新興住宅地として次々に住宅の建設が進んでいる。

この家にいた兵隊はお祓いによって出ていってもらったそうだ。

ただ、基本的にはこのあたりをずっと徘徊しているそうで、今は隣の家にいるらしい。

「えっ、隣の家にいかせたの？」

長谷川さんは亜紀さんに言うと、

「だってこのあたりをウロウロしている霊なんだもん。それ以上のことはできないって言われたから仕方ないよ。今は右か左のどちらかの家にいるんじゃない？」

亜紀さんはあっけらかんと笑ったそうだ。

故郷

母の生まれ故郷である長野県野沢温泉村で私も生まれた。

当時両親は東京で暮らしていたが、里帰り出産でしばらくの間は私も祖父母たちと生活を共にしていた。

東京へ戻ってからも、夏休みや冬休みなどの長期の休みには、必ず長野で過ごすことが当たり前のようになっていた。

野沢温泉村は長野の北東部に位置し、方言は新潟に近い。

この村は広く、祖父母の家は温泉街からはずいぶん離れた場所の小さな集落にあった。温泉街から歩いたら二時間はかかるだろう。

家の前からは千曲川《ちくまがわ》が見え、村のどこにいても山からおりてくる小川のせせらぎが聞こえる。川から分岐した沢が村中を流れており、各家庭には貯水用の池がある。夏場はそこで野菜やビールなどを冷やしていた。川の水が冷たいので冷蔵庫でなくともじゅうぶんだった。私がまだ幼かったころは、川で食器を洗ったり、洗濯をしている人もいた。畑、田んぼ、山、川、お宮、村中が遊び場で野いちごを食べたりバッタを捕まえたり、お寺の境内の下に隠れているアリジゴクを掘りかえしたりと、とにかくよく遊んだ。巣を突いて怒った蜂に刺されたときは痛かった。

春から秋にかけてはそうした遊びができたが、冬がきて雪が積もるとあたりは一変する。降りはじめてからが早い。あっという間に村全体が真っ白に包まれる。

大雪になると当然外へは出ることができないから、狭い居間の中央にある炬燵《こたつ》にあたって一日の大半を過ごす。

雪があがるとおとなたちは雪下ろしや雪かきに追われ、こどもたちは雪だるまづくりや雪合戦をして楽しむ。

無口な祖父はよく大きなカマクラをこしらえてくれた。

倉庫から赤や青のソリを持ってくると飛び乗る。それを祖母がひっぱってくれた。

日が傾きはじめるとあっという間に夜がくる。体中についた雪を払い落とし、表戸を開けコンクリート敷きの玄関で長靴を脱ぐ。その長靴とズボンの間に挟まったぺしゃんこになった雪をはぎ、靴下をぬいでから内戸を開け框を上がって家に入る。

框を上がると、台所へつづく細長い廊下があり、右側の障子戸の中が家族団らんの居間になっていた。

廊下を挟んだ居間の反対側には黒い梯子が掛けてある。そこを上がっていく途中には祖父が作った吊り棚があり、ここには古本や手製のマムシの焼酎漬けなどがズラリと並べてあった。

梯子を上った先は、屋根裏部屋のようになっていた。

六畳ほどの和室で、来客用の布団や座布団が積み重なっているだけでふだんは誰も使っていない。

夏祭りで夜遅くなることが決まっているときにはこどもはここで昼寝をした。

この部屋の長押《なげし》には、私が一度も会ったことのないサチコおばさんの遺影が飾られていた。着物を着て髪は夜会巻きに結っている。大きな瞳でこちらを見ているがその表情は笑っていない。

その遺影はモノクロ写真だった。「亡くなった」ということを聞いていたから、まだ幼かったころはその部屋にいくことも写真を見ることも怖かった。会ったこともない知らないサチコおばさんが私をずっと見ているような気がしていた。

サチコおばさんは色が白くて黒い大きな瞳のきれいな人だったと母から聞いている。こどものころから躰が弱く、何度も入退院をくり返していたが、東京に出て結婚し、ふたりの娘（私のいとこ）を産んで幸せに暮らしていた。

ところが三十二歳の歳に癌が見つかり再び入院することになった。すでに手のほどこしようのない状態にまでなっていた。

実家が近いほうが良いというサチコおばさんの希望で野沢温泉村の大きな病院に入院した。

入院したのは寒い冬のことだった。

お盆

長野の祖父母の家では、狭い居間に親戚や近所の人も集まって一緒に食事をした。米も野菜もみんな自家製だ。山で採れたフキやわらび、ぜんまいの煮物、芋膾《いもなます》、野沢菜漬け、やしょうま、この土地でしか食べられない食べ物がテーブルいっぱいに並ぶ。夏場は採れたてのトマトやきゅうりを沢で冷やしてかぶりつく。食事が終わるとお茶飲み会がはじまる。

「呼ばれようかな」

祖母が嬉しそうに笑うその顔を今でも忘れない。

お茶飲み会は朝昼夜と三回必ず開催された。朝昼のその時間は大好きだったが、夜だけは苦手だった。なぜなら、誰からともなく、怪談話をはじめるからだ。

それはお盆によく語られた。

迎え盆の日は、山の麓のお寺にご先祖様を迎えにいく。夕方日が沈む少し前からこどもたちも準備を手伝う。

倉庫で一年眠っていた提灯を出してきて中にロウソクを入れる。

裏庭の花を切って花束を作る。

線香とバケツ、ぞうきんが用意できて日が沈んでからお寺に向かう。提灯《ちょうちん》の中に入れたロウソクに火を灯し歩き出すと、村中からチラチラと灯りが集まってくる。遠くに見えるそれはまるで蛍のようで幻想的な光景だった。

提灯を下げた村人たちは並んで、山道を歩きお寺を目指す。

川で水を汲んで墓を洗い、ロウソクと線香、花を供える。ところどころで村人たちが、

「お盆ござれ、ござれ」

歌っているのが聞こえてくる。

お墓参りを終え、境内の池の鯉にパンくずをあげて再び山をおりる。

帰宅後はすぐに食事だ。ただ、お盆期間中はいつもとは違う。

食卓に全員座ると、

「今日から送り盆までの間は、亡くなったご先祖様たちがいっぱいきているから一緒に

過ごすからね」

おとなが言う。

「どこにいるの？」

「見えていないけど、さっき迎えにいったでしょう？　部屋に大勢いるからね」

目に見えないご先祖様と聞いてこどもたちは肩をすくめた。

そして、我が家では食事のあと、特にお盆の期間中は誰からともなく不思議な話、怪談話がはじまるのだ。わざわざ部屋の電気を消し、ご先祖様を迎えにいったときに使ったロウソクを灰皿に灯して、それははじまる。

記憶の中で焼きついている話は、いつもこの食卓で聞いたものだ。

大男

祖母の話だ。


戦後間もない冬の日のこと。

買い物へ出かけるため身支度を整えて玄関を出ると、ちらほらと雪が降りはじめてきた。

「また降ってきたか」

長靴にズボンの裾を押しこみ、戸の脇に立てかけてある番傘を取ると、真っ白に積もった雪の上を歩き出す。

この集落には店はたった一軒しかない。

村外れにあるその店は、この界隈では「たばこ屋さん」と呼ばれている。

家を出ると、目の前には広い田んぼがあり、本当ならばこの田んぼのあぜ道を突っ切ってしまえば近道ではあるが、この田んぼの持ち主がうるさい。ましてや雪も降り積もって足場も悪いため、少しまわり道をする必要があった。

田んぼを囲うようにできた舗装された道を大まわりし、向こう側へ行かなければならない。

ちょうど家の反対側の道沿いには大きな馬頭観音がある。そこを越えて二十メートルほど進むと、今度はお宮様へと続く急な坂道が見えてくる。

雪を踏みしめながら、その坂道の前まできたときだった。

なにかが番傘の上に落ちてきて、衝撃で危うく転倒しかけた。

民家の屋根から雪がすべり落ちてきたのかと思ったが、違和感がある。

なにかいる。

番傘を斜めにして首をのばし、上を見てみた。

人の足のようなものがある。

肩をすくめて傘の柄をにぎりしめる。

なにかの見間違いだろう。

もう一度上を見た。

ある。やはりある。
すね毛のまばらに生えた太い足だ。
今度は思いきり首をのばして上を見た。
大きな男が一本足で傘の上に立っていた。

炬燵のなか

祖母から話を聞いていて思い出した。

朝から吹雪だった。

夕食後、私は炬燵に寝そべって塗り絵をしていた。

少し前に温泉街へ連れていってもらった際に文房具屋さんで買ってもらった当時流行りのアニメのもので、色鉛筆で丁寧に塗りつぶす作業に没頭していた。

家の中で最もあたたかいのはやはり炬燵だ。家族みんながここに集まってくる。

祖父は新聞を広げ、祖母は編み物をしていた。

テーブルの上にはお茶と野沢菜。テレビもつけずにそれぞれの時間を過ごす。

色を塗っていると、足もとがヒヤッとした。

祖母が炬燵布団をめくって中を覗いている。

「おばあちゃん、寒いよう」

声をかけ、また塗り絵をする。ところがまたすぐに祖母は炬燵の布団をめくりあげて、

「おかしいな」

と、首を傾げ、編み物を再開し、またしばらくすると同じ動作をする。

「おばあちゃん、どうしたの?」

「さっきから、誰かが足トントン叩くんだ。誰だ?」

祖母の言うことが気になり中を見ると、祖父はあぐらをかいている。私は、膝を曲げて天板の裏側の毛布が足の裏に当たる感触を楽しんでいたので、祖母の足には触れていなかった。

その後も祖母は何度も「今、足ひっぱったか?」「トントンしたか?」と聞いてくる。

私も祖父も首を横に振った。

いよいよ気になって炬燵の中に頭を入れて見ていると、黒電話が鳴った。

祖母の兄が亡くなったという知らせだった。

知らせ

タケコおばさんの話だ。

歳の離れた姉が癌で入院している。
前日に降った雪でバスは時刻どおりに動いていなかった。一度病院へ顔を出してから
昼過ぎにタクシーで家に戻ってきた。
雪もあがってよく晴れていた。
母やほかの妹たちは心配してつきっきりで病院にいる。
着替えやタオルの替えを持ってもう一度いく予定だった。
ご飯を食べる元気もなかった。きれいだった姉があんなに小さくなってしまった。
肩を落とし家に帰ってくると、玄関の前の石段のところに上の家に住んでいるおばあ

さんが杖を片手に腰掛けていた。

彼女は盲人で、家の前の坂道をのぼってすぐのところにある家に住んでいる。昔は、瞽女《ごぜ》だったらしい。若いころ、三味線を片手に各地を巡業していたが、今はここで穏やかに余生を楽しんでいる。近所の人たちからは「瞽女婆」と呼ばれている。私もそう呼んでいる。

「瞽女婆、こんなところで寒いだろう」

声をかけると、

「いんや、今きたばかりだ。飯、一緒に食おう」

煮物の入った皿を差し出してきた。

一緒に部屋にあがり、食べるつもりのなかった昼食をとる。誰かがいると不思議と食べることができた。ありがたい。

姉が入院していることはもちろん瞽女婆も知っている。退屈していたということもあっただろう。このあたりに住んでいるひとは、よその家にあがってご飯を食べたりお茶を飲むことはわりと当たり前のことだった。

瞽女婆にはゆっくりしているよう伝え、お茶を淹れてから梯子《はしご》を上って屋根裏部屋へいき準備をすることにした。

たしかタンスの中に大き目のボストンバッグが入っている。重たい引き出しを引き、中からバッグを出す。その中に、着替えやタオルをつめていく。

日は傾きはじめていた。

おおかた荷物を入れ終えチャックを閉めると、雪を踏んで誰かが坂道をおりてくる足音が聞こえてきた。

足音は家の前でとまり、玄関の戸が開いた音がした。と同時に「ただいま」と声がした。誰だろうと立ち上がり梯子を下りる。ところが引き戸はしっかりと閉まっていた。

気のせいかと首を傾けていると、

「おっかねえ、気味悪ぃ」

炬燵にあたっていた瞽女婆が、障子を開けて廊下に出てきた。

「どしたん?」

「気味悪ぃ。こんな気味の悪ぃところ、いらんねえ」

私を押しのけて乱暴に戸を開けると坂道をのぼってさっさと帰ってしまった。

あの足音と声はいったいなんだったのだろう。瞽女婆の様子からして彼女も同じ音を聞いているに違いない。

腑に落ちないままもう一度梯子に足をかけてはたと気がついた。

(姉ちゃだ。サチコ姉ちゃが帰ってきたんだ)

早く病院へ行かなくては。梯子を駆け上がり屋根裏へいきボストンバッグを持ち上げたとたん、腰にズシリと重みを感じた。

バッグが持ち上がらない。

タオルや着替えしか入っていないはずだ。

なぜか石を何十個も詰め込んだように重くなっていて、持ち上げることができない。

やがて一階で黒電話が鳴った。

もう一度梯子を下りて受話器を取る。

今しがたサチコ姉さんが息をひきとったとの知らせだった——。

足音

最後に、私が怪談の世界に入るきっかけをくれた最愛の祖母の話をここに残しておきたい。

長野から満蒙《まんもう》開拓団として主人と中国のハルピンへ渡ったが、敗戦後に命からがら日本へ帰国した。

もう一生日本へ戻ってくることはないと思っていたので以前住んでいた家は人に売ってしまっていたから帰るところがなかった。

日本に残っていた主人の兄が所有する小さな蔵を住居に改築し、また日本で暮らすこととなった。本当にありがたい。

向こうで生まれた息子ふたりは戦争の最中、病気と飢えで幼い命を終えた。唯一生き残ったのは娘のサチコだった。

サチコだけでも日本へ連れて帰ることができて良かった。

娘のサチコが癌《がん》で死んで数年が経ち、また寒い冬がきた。

冬の雪国ほど不便なものはない。

土建業をしている主人は冬の間は雪のない東京へ働きにいっている。

こどもたちも独立して、主人同様東京で生活をしているから、冬の間はひとりでこの家にいる。

朝起きると部屋の中は外のように冷え切っている。どてらを羽織って豆炭をおこし炬燵に入れる。

食事をしてからは仕事をする。

蔓《つる》細工とよばれる伝統工芸品作りだ。

温泉街にくる観光客に売るための商品だった。

野沢温泉村では鳩車が有名だが、それに並び蔓細工も人気がある。

専門の卸主から蔓を預かり、自宅で作業する。蔓は予め水につけ、やわらかくなってから編む。

カゴやバッグ、果物入れなどさまざまだ。

作り方は単純だが、力の入れ方や工夫で仕上がりもずいぶんとかわる。

幼いころから手先が器用だった。自分の履く草鞋《わらじ》も作ったし、着物や半纏《はんてん》、布団なども自分で縫う。

雪が降り出すと外を出歩くことは難しい。ましてやこの集落から温泉街までは雪の上を歩くと、おとなの足でも二時間以上はかかる。

だから雪の降らないうちに蔓を受け取り、家で編み、雪があがるとできた品物をまたおさめにいくのが日課だ。


その日はいちだんと寒かった。

さほど食欲はなかったので、夜は蒸かしたご飯に大根の味噌漬けを載せたものだけで済ませると、早めに布団に入った。

それは真夜中を過ぎたころだった。

玄関の戸が開く音がして目が覚めた。

（こんな時間に誰だ？）

布団の中で耳を澄ましていると、今度は頭上の障子が開いた音がして慌てて飛び起きて電気の紐をひっぱった。真っ暗だった部屋にパッと灯りが点く。

すべての障子は閉まっていた。

（なんだ？）

少しだけ障子を開けそこに首を入れ廊下の奥の玄関を見ると戸に人影はない。夢でも見たのだろうと思って部屋に戻り、布団に入りなおした。

次の日は夕食のあとで仕事の続きをしていた。

明日は晴れそうだから今夜のうちに仕上げて納品しにいきたい。

炬燵の炭を追加して仕事にとりかかった。今夜も寒い。

最後のひとつを編み上げ、壁掛けの時計を見ると午前一時になるころだった。

（早く寝よう）

散らかったテーブルを片付けはじめると、玄関の戸が開く音がして手を止めた。

昨夜も同じような時間にこの音を聞いた。

それと同時にある疑問を感じた。

この家は、表戸と内戸の二枚がある。まず誰かがくると、表戸の音が聞こえ、そのあとで内戸の音が鳴る。

しかし昨夜も今夜も表戸が開く前に内戸が鳴った。

田舎の夜は早い。こんな夜更けに近所の住人が訪ねてくることはよほどのことがなければない。

炬燵を出て障子を開けた。戸は閉まっている。

確認しにいくと鍵もかかっていた。

(気のせいか……)

部屋に戻ろうとすると、今度は台所の裏口の扉が鳴る音がした。

一瞬肩がすくんだが、誰かがいたずらでもしているのかもしれない。廊下をぬけ一段上がると台所になっている。のれんをくぐり電気を点け、裏庭へ出る扉を開けた。

誰もいない。ただ雪がチラチラと降っているだけだ。風のまったくない静かな晩だった。

やがてまた内戸が開く音が聞こえ見にいくと、やはり閉まっていた。

それからというもの、毎晩のようにその現象は起こり続けた。

そのたびに東京にいる主人やこどもたちに電話をして助けを求めた。

主人はまったく聞く耳を持たないし娘たちは仕事や子育てで忙しく帰ってこないしこれ以上心配をかけるわけにもいかない。が、恐ろしくてたまらない。

もう何日これが続いているだろう。夜がくるのが怖い。

台所で夕食の支度をしていると、末の娘から電話がきた。

「母ちゃ、だいじょうぶかい」

「うん。今日はまだきてねぇ」

「帰れなくて悪ぃなぁ」

「毎晩気味悪くてたまんねぇ。誰でもいいから早く帰ってきてくんねぇか」

「今度父ちゃが帰るって言っていたからそれまで我慢しらっし」

台所の鍋の火をいったん消してから炬燵に入り、それから娘と他愛もない話をした。

春になってあたたかくなったらまた東京へも遊びにおいでと娘は言う。気軽な距離ではないし、仕事もあるからなかなか難しいが、上野あたりで観光するのもいい。

玄関の内戸が開く音がした。

肩をすくめ耳を澄ます。

続けて台所の裏口の扉が鳴りだした。

「きた」

「聞こえた」

「きた。今きた、今きてるんだ！　電話切るど」

受話器を置くと鼓動が速くなった。

炬燵布団を肩のあたりまで掛け、息を殺した。

台所の裏口の扉が鳴っている。小さく一定のリズムを保ちながら。

続けて玄関の内戸が開く音がする。

それが何度も続く。

炬燵布団をはぎ、立ち上がると足がもつれて畳みの上につんのめった。

そのまま障子を開け廊下の奥の玄関を見ると戸は閉まっている。

台所の裏口が鳴る。

のれんをくぐり、台所へ入り、扉を開け外を見る。

誰もいない。

扉を閉め鍵をかけたとたんに玄関の内戸が開く音がした。

気がつくと腰がぬけてしまったのか台所でへたり込んでいた。

廊下を這うようにして玄関へいく。

気力を振り絞って戸に手をかけ立ち上がると二枚の戸を勢いよく開け、裸足のまま表へ飛び出た。

「誰だ！　毎晩毎晩。いい加減にしろ！」

あたり一面真っ白な雪景色が広がっているだけで、しんと静まりかえっている。すべての音が雪に吸収されたようになんの音もしない。

また、裏口の扉が鳴りだした。

足についた雪も落とさず戸を閉めて框を上がり、玄関と台所をつなぐ廊下の上で耳を澄ます。

足の感覚がない。

裏口の扉が鳴っている。家の中が憂鬱な闇に飲み込まれそうだ。

音はそれからしばらくしておさまった。

（終わった……）

炬燵へ戻ろうと障子に手をかけたときだった。

なにか聞こえる。

いつもとは違う聞きなれない音だ。

（なんの音だろう……）

障子から手を離し耳を澄ます。

やはり、聞こえる。いったん落ちたついた心拍がまたあがった。

それは台所の裏口の方かららしい。鍵は閉めてある。

障子を背にして息を殺しながらいっそう耳をそばだてた。

ヒタ……

思わず目を閉じてしまった。微かに聞こえる音に意識を集中させると身の毛のよだつ悪寒がはしり、息が止まりそうになった。

（入ってきた！）

なにかが次第にこちらへ近づいてくる。

足が震え、思わず床にしゃがみこんだ。

なにがくるのかはわからないが、とにかく早く時が過ぎるのを祈った。

しかしその音はさらに近くに迫ってくる。

ギシ……

そぐそばでなにかが軋んだ。反射的に目を開けてしまった。

「ひぃっ！」

尻餅をついた。

床の上を、真っ白な裸足《はだし》の足あとがついている。ついては消え、消えてはつき、目の前をゆっくりと通り過ぎていく。足あとは床を軋ませながら玄関の前までいくと、フッと消えた。

やがて、内戸が開く音とともに、

『ただいま』

声がして、静まりかえった。

「サチコか！」

反射的にそう叫び、夢中で玄関までいき戸を開けた。

変わらず、一面に雪景色が広がっているだけだった。

いつの間にか雪が降りはじめていた。

次の日の昼過ぎ、主人が東京から一時帰ってきた。

主人はこういうことをまったく信じない人だから「気のせいだ」「誰かのいたずらに違いねぇ」と言い張った。

ところが主人が戻ってきてからもその不思議な現象は続いた。それでも信じなかった。

雪があがり晴れた朝、主人は家の外を調べると言いだした。

すると、不思議なことがわかった。

家のまわりを取り囲むように雪の上にびっしりと裸足の足あとがついているのだが、それは玄関脇の水道からはじまっていた。

それを辿ってゆくと、家の前の坂道を越え、瞽女婆の家を通り過ぎていく。瞽女婆の家の少し先に山があり、麓には寺がある。その寺と瞽女婆の家のちょうど真ん中あたりに小さな古い地蔵尊があり、その前で足あとは消えていた。

「だれかがいたずらしたんだ。竹馬かなにかで飛び越えたに違いねぇ」

主人は言い張った。

ありとあらゆる可能性を考えて探し歩いたが、ついに続きを見つけることはできなかった。

そして真っ白な雪の上についた裸足の足あとのすぐ横には、小さなこどもの足あとも一緒に並んでついていた。

サチコなのではないだろうか。

もしかしたら、お腹の中にこどもがいたのではないだろうか。

それを知らせたかっただけなのかもしれない。

2019年の4月に約20年ぶりに生まれ故郷にいって撮影した地蔵尊。
大勢の親戚でにぎわっていた家は現在は誰も住んでいない。

あとがき

本書を書き終えて、久しぶりに実家に電話をしました。

ふだんはなかなか恥ずかしくて言葉にはだせずにいるのですが、ちょうど母の日ということもあり「ありがとう」と伝えると、電話口で母は驚いたようでした。

素直な気持ちになれたのは、今回集まったお話たちがきっかけでした。

大切な誰かについて考え直す良い機会をもらいました。

また、伝えたいことは伝えられるときに伝えるべきだと感じました。

怪談を集めたはずでしたが、不思議と心が穏やかになる話がほとんどになりましたね。

もっとこわい話がよかった！　と思われた方はごめんなさい。

今日という日も、二度と戻ってくることのない唯一の日であることを忘れずに。

そして今そばにいる誰かを大切に思いながら、お健やかにお過ごしくださいませ。

それではまたいつかこの世の裏側でお会いいたしましょう。

二〇二〇年　五月某日　牛抱せん夏

呪女怪談

2020年6月4日　初版第1刷発行

著者　牛抱せん夏
企画・編集　中西如（Studio DARA）
発行人　後藤明信
発行所　株式会社 竹書房
〒102-0072 東京都千代田区飯田橋2-7-3
電話03（3264）1576（代表）
電話03（3234）6208（編集）
http://www.takeshobo.co.jp
印刷所　中央精版印刷株式会社

定価はカバーに表示しています。
落丁・乱丁本の場合は竹書房までお問い合わせください。

ISBN978-4-8019-2265-5 C0193